梦山书系

全国幼儿教师培训用书

幼儿园园本教研活动方案精选30例

王萍◎主编

海峡出版发行集团
福建教育出版社

图书在版编目（CIP）数据

幼儿园园本教研活动方案精选30例/王哼主编. —福州：福建教育出版社，2025.7

ISBN 978-7-5758-0443-1

Ⅰ．G612

中国国家版本馆CIP数据核字第202587VY46号

You'eryuan Yuanben Jiaoyan Huodong Fangan Jingxuan 30 LI
幼儿园园本教研活动方案精选30例
王哼　主编

出版发行	福建教育出版社
	（福州市梦山路27号　邮编：350025　网址：www.fep.com.cn）
	编辑部电话：010-62027445
	发行部电话：010-62024258　0591-87115073）
出 版 人	江金辉
印　　刷	福建东南彩色印刷有限公司
	（福州市金山工业区　邮编：350002）
开　　本	710毫米×1000毫米　1/16
印　　张	13.5
字　　数	182千字
插　　页	2
版　　次	2025年7月第1版　2025年7月第1次印刷
书　　号	ISBN 978-7-5758-0443-1
定　　价	47.00元

如发现本书印装质量问题，请向本社出版科（电话：0591-83726019）调换。

目 录

教研活动方案1：儿童视角创设班级环境 / 001

教研活动方案2：聚焦区域游戏空间的规划 / 009

教研活动方案3：主题下区域材料投放的思与辩 / 017

教研活动方案4：儿童视角室内游戏高质量发展 / 023

教研活动方案5：室内体育运动游戏的开发 / 030

教研活动方案6：1+N绘本主题活动下角色区的创设 / 037

教研活动方案7：角色游戏中的同伴支持 / 046

教研活动方案8：区域游戏中教师的观察与介入 / 053

教研活动方案9：走进观察，学会看见儿童 / 060

教研活动方案10：一对一倾听，读懂儿童 / 068

教研活动方案11：倾听幼儿，助推成长 / 074

教研活动方案12：有力的师幼互动实践策略 / 081

教研活动方案13：倾听与观察让师幼互动更有力 / 087

教研活动方案14：游戏计划助推幼儿自主发展 / 094

教研活动方案15：自主游戏中材料投放适宜性 / 102

教研活动方案16：在邀请性环境里解密儿童 / 108

教研活动方案17：诱导区环创与自然材料投放 / 114

教研活动方案18：诗意田园课程的优化提升 / 121

教研活动方案19：感同身受看游戏 / 128

教研活动方案20：开发户外体育游戏材料 / 133

教研活动方案21：组织与开展户外游戏活动 / 141

教研活动方案22：户外体育锻炼促幼儿身体发展 / 147

教研活动方案23：户外混龄游戏高质量发展 / 155

教研活动方案24：设计与组织幼儿足球游戏 / 162

教研活动方案25：评价量表的优化与应用 / 173

教研活动方案26：走进有意义的评价 / 179

教研活动方案27：幼儿美术作品评价升级 / 185

教研活动方案28：积极教育，享快乐童年 / 192

教研活动方案29：提升指导特殊儿童能力 / 198

教研活动方案30：幼小衔接期的社会性培养 / 204

教研活动方案1：儿童视角创设班级环境

一、教研背景

幼儿园环境作为一种"隐性教育课程"，在开发幼儿的多元智能、促进幼儿个性和谐发展等方面发挥了独特的作用，《幼儿园教育指导纲要（试行）》（以下简称《纲要》）明确提出：环境是重要的教育资源，应通过环境的创设和利用，有效地促进幼儿的发展。良好的幼儿园环境就像一个"会运动的生命体"，会随着幼儿的身心发展而变化，幼儿在与环境的相互作用中可以不断促进自身的发展。因此，如何创设一个儿童视角的幼儿园教育环境，让幼儿与环境实现真正的"对话"，成为我们关注的焦点。

本次教研活动分两个阶段：第一阶段，全体教师观摩学习专家报告、专题讲座，提高教师对环境创设的新认识。第二阶段，通过案例式、参与式、情景式等多种方式，共同研究儿童视角下的班级环境创设。幼儿园的环境布置离不开儿童视角的创设理念，如何在环境创设中发挥教师的专业性成为本次教研活动的重点。

二、教研目标

1.根据班级幼儿的年龄与发展特点，在班级环境布置中凸显儿童视角的班级环境创设。

2.通过自由建组、小组讨论、制作海报等方式，发展教师的研究和沟通能力。

三、教研形式

1. 游戏热身：利用"区域里面有什么"游戏，调动教师对环境中材料的已有经验，轻松愉悦地进入教研活动中，充分调动教师参与活动的积极性。

2. 头脑风暴：教师围绕"儿童视角是什么""环境创设的价值""如何创设儿童视角的班级环境""如何改变"等一系列问题进行研讨，有集体研讨、小组研讨和个体发言。

3. 阅读分享：教师提前阅读关于儿童视角的班级环境创设的书籍，在教研活动中进行图书推荐和阅读分享。

四、教研准备

1. 与主题相关的专家报告与专家讲座视频。
2. 提前录制环境创设视频或拍摄照片。

五、教研过程

（一）热身游戏：里面有什么

规则：主持人问教师："建构区有什么？"

教师依次回答但是不能重复前面教师说过的内容，以此检测教师的反应速度和对相关区域材料的熟悉程度。

（二）儿童视角是什么

主持人：今天的教研活动从一篇文章开始——《教育要有"儿童视角"》。

大家一起阅读文章。

阅读完自由讲述阅读感受。

小结：教育要有"儿童视角"，就是用儿童的眼睛去观察，用儿童的耳朵去倾听，用儿童的大脑去思考，用儿童的兴趣去探寻，用儿童的情感去热爱……

主持人：老师们，你们认为儿童视角是什么？

教师自由发言。

主持人："儿童视角"不意味着绝对的"儿童中心主义"，即一味地迁就儿童、放任儿童，如果那样，等于取消了教育。从另一个角度看，教育的"成人视角"依然重要，这意味着我们有教育使命、教育目标、教育内容、教育方法、教育过程、教育智慧等。但任何一个时代强调的，总是该时代缺乏的。今天，我们缺乏的不是"教师的大脑"，而是"幼儿的心灵"。因此，教育要有"儿童视角"！

（三）环境创设的价值是什么

主持人：《幼儿园保育教育质量评估指南》（以下简称《评估指南》）中关于"环境创设"清晰地给出了指标，包括空间设施、玩具材料两项关键指标，旨在促进幼儿园积极创设丰富适宜、富有童趣、有利于幼儿学习探索的教育环境，配备数量充足、种类多样的玩教具和图画书，有效支持保育教育工作科学实施。老师们都有环境创设的经验，那么你们认为环境创设的价值是什么呢？

分组进行讨论。

讨论后各组派代表发言。

小结：

1.环境创设可以满足幼儿学习、生活和游戏的需求。

2.环境创设可以满足幼儿树立自信的需要。

3.环境创设可以满足幼儿建立归属感的需要。

（四）如何创设儿童视角的班级环境

主持人：知道了环境创设的价值，那么回归到我们的工作中，该如何创设儿童视角的班级环境呢？大家重新分为四组研讨20分钟。

研讨结束后，各组梳理经验，把结果投放到大屏幕上，每组代表上台讲述。

小结：儿童视角的班级环境创设方法。

1.以幼儿为主体

(1)要"看见"儿童：围绕主题，让幼儿大胆交流，尊重幼儿的想法创设环境，如小班娃娃家的创设、中班值日生主题的创设、大班晨间签到墙的创设等。

(2)相信儿童：班级环境的设计须为儿童提供参与的机会，相信他们的能力并让他们充分展现，突出幼儿的小主人翁意识。

(3)成就儿童：幼儿在参与环境创设时，可以获得自尊感和自我实现的价值。他们遇到问题会自己解决，有利于锻炼团队合作能力，获得成功感。

2.符合幼儿认知特点

不同年龄段幼儿的身心发展特征不同，需要的支持性环境也不同。小班幼儿注意力容易分散，环境装饰不能太复杂，材料的选择上也不能选太细小、复杂的物品，应采用大比例、大块面的整体构图方式，满足小班幼儿整体感知事物的心理需求；中班幼儿自主性增强，在语言、想象、操作等方面有了显著的发展，教师应给予幼儿参与环境规划、设计的机会；大班幼儿的专注力、思维能力和想象力有了更大的发展，要适当"留白"，以支持大班幼儿主动参与环境设计。

3.投放能够满足幼儿学习与发展的材料

生态：花、草、树、木。

层次：基本材料、工具材料和辅助性材料。

主题化：意义（激发儿童的兴趣，引发自主探究和发现，促进深度学习），路径（营造主题氛围，打造区域环境，提供与主题相关的各类材料）。

资源库：大自然、自己家、旧货商店、旧物拍卖、邻居家车库等都是寻找的地方，更多的是带着幼儿去大自然寻找，让家长一起帮忙收集等。除了收集材料，还需要挑选容器，艺术美观的摆放就需要艺术性的容器，一些生活中的桶和篮子、瓶子、罐子、盘子等都是可以摆放儿童游戏材料的，这既可以增强视觉效果，又便于游戏时幼儿自主取放材料。

4. 让幼儿参与管理

创设班级环境，可以让幼儿做小管理员，除了管理一些材料，也可以让幼儿管理事务，如中大班种植管理，可以让幼儿决定种什么、怎么种、怎么管，让幼儿参与各个环节，进一步树立小主人翁意识。

5. 创设可以充分互动的墙面环境

环境创设应基于空间线索，提供给儿童可理解的、开放的、可互动的自由表征的想象空间。因为幼儿有平视、俯视、仰视三个角度：平视的部分可以展示其学习过程，俯视的部分可以展示其潜意识与自我的联结，仰视部分则是幼儿学习之后总结与提升的表征。

6. 与课程相互结合

环境是课程生成的土壤，即幼儿在与环境的互动中不断生成新的学习；另外，课程也会生成新的环境。课程实施需要某种特定环境的支持，而课程开展的过程与结果也会促进环境的改变。在这个过程中，幼儿的哲学思考、经验创造以及主动探索的精神也将逐渐形成与完善。

7. 倾听幼儿心声

环境创设的灵感应源于儿童。环境创设时，他们拥有发言权，并参与创造。教师需要不断地倾听幼儿对于环境的想法，不断完善幼儿的想法。教师是教育者，也应该是倾听者和记录者。环境创设应联结幼儿的精神世界。幼儿想法的本质是渴望和环境、他人建立起深度的联结。环境创设应注重幼儿创造性的发挥。在创设幼儿园环境过程中，不仅要引导幼儿积极参与，还要重视他们的创造性发挥，让他们有机会按照自己的想法，去探索和呈现个性化的创造。

8. 与幼儿对话

在环境创设中，教师要注重幼儿与环境的互动，鼓励幼儿在环境中完成自我创造，帮助他们逐渐认识到"游戏的样子就是生活、学习的样子"。这样才能发现他们学习的秘密，给予适宜的支持。教师要保护幼儿丰富的思想与情感以及富有创造力的大脑,还要和他们一起发现与思考,共同记录下生活的美好。教师要运用自身蕴含的文化力量引领幼儿,通过对话和幼儿共同构建环境的场域。

(五)分享读书收获

主持人:阅读可以遇到更好的自己,也是提升专业能力的有效途径。我们鼓励老师们阅读,从图书中汲取知识,提升能力。相信大家在日常生活中也阅读了各种专业书籍,其中跟环境创设相关的书籍也不在少数,接下来这一环节,请大家来分享自己读了什么书,并说说从中有什么收获。

教师分享自己推荐的书籍,并解说推荐理由。

园长指定骨干教师分享阅读书单,再次让教师感受到阅读的力量。

(六)如何改变

主持人:通过本次教研,相信大家对创设儿童立场的班级环境都有了新的认识和自己的理解,请大家说一说你将如何改变,从而更好地践行这一理念。

个别教师发言。

集体作出书面报告,上交教研组长,教研组长留存作为后续的学习材料。

园长总结:班级是幼儿学习、活动的场所,适合幼儿的环境才能促进幼儿的成长,让他们成为更好的自己。有目的地创设我们的班级环境,首先就需要尊重幼儿,让幼儿享有多种选择,获得有意义的经验。并且从幼儿的视角出发,了解他们的想法与需要,使创设的环境是幼儿能接受的,而并非教师强加的。因此,蹲下身才能真正发现幼儿的视角,才能创设出属于幼儿的环境。环境创设要从幼儿出发,通过对话的方式来完成,其本质是文化的再现,它是动态的、发展的、生成的过程,也是一种人与环境和谐共生与创造的过程。创设幼儿视角的环境是一个需要持续倾听和追随的过程,希望大家能够继续研究基于儿童视角的环境创设，支持幼儿的成长，彰显生命的跃动。

主持人：感谢园长的发言，后续针对基于儿童立场的环境创设，相信大家都能做到边践行边研究，将这项工作做优。以儿童为本，应该成为每一位学前教育工作者恪守不变的育人初心，而读懂幼儿的目的，也是为了更好地支持幼儿，从而促进幼儿全面有效地发展。

六、教研实践

（一）践行新理念

幼儿园环境是幼儿园课程的一部分，创设幼儿园环境不光要考虑美观性，还要考虑教育性，环境创设目标应与幼儿园教育教学目标一致。与此同时，幼儿正处于身体、智力快速发展以及人格构成的重要时期，有多方面的发展需要，幼儿园环境的创设要符合幼儿身心发展的特点和需要。创设环境的过程体现了幼儿与教师合作的过程，教师要有创造环境的意识，认识到幼儿园环境的教育不应只包含于环境之中，还应包含在环境创造过程中。

儿童视角的幼儿园环境是幼儿与同伴、教师接触的亲密生活空间，是幼儿积极探索世界、进行交往的游戏空间，是教师在生活事件、游戏探索等基础上形成的多元化课程资源。儿童视角的幼儿园环境创设强调不分年龄，幼儿有权对自己的生活、游戏、学习空间提出自己的想法，进行自主设计、决策。幼儿可以用自己的眼睛看、用自己的耳朵听、用自己的思想思考、用自己的双手来做，而不是被请求、胁迫、牵引，按照成人的逻辑和意志去行动、思考。也就是说，教师要积极邀请幼儿参与创设环境的过程，减少单纯用幼儿的作品来布置环境。为了践行新理念，我们充分利用空间，依托家乡的特色资源，以幼儿的参与为主线，创造出富有情趣、立体多样的环境，拓宽了幼儿的视野，促进了幼儿的想象，让幼儿在幼儿园中受到美的熏陶，感受到幼儿园是一个充满情趣的校园。

（二）丰富活动区

环境对幼儿有潜移默化的影响，在环境创设中，我们从儿童视野出发，促进幼儿学习和研究的主动性，培养幼儿积极的学习态度，促使幼儿逐渐学会在不同形式和不同领域的活动中有效地自主参与学习。这一点我们在活动区的创设中有了很好的践行，如科学区，一直以来科学区该投放什么样的材料是我们比较头疼的问题，通过教研，我们认识到科学区的环创可以发挥幼儿的自主性，幼儿日常的发现均可以分类投放到科学区，同时，材料投放时应注重多种材料的融合，才能更好地让幼儿进行探究。由于科学区域中更加注重幼儿的操作性，基于这一点，我们有意识地提供了一些辅助材料，起到了很好的推动作用，让幼儿更好奇、更爱玩，充满了探索欲望。又如阅读区，通过平时对幼儿的观察，发现幼儿喜欢自制图画书，追随着幼儿的兴趣，我们提供了各种不同的卡纸和笔，供幼儿进行创作，让幼儿将自己经历过的有趣的事情、看过的图画故事画出来，制作成各种绘本悬挂在阅读区，激发了幼儿的阅读兴趣和创作欲望。我们还给幼儿提供了展示区域，将自己在阅读图书时重要的信息和印象深刻的情节用绘画表征的方式表达出来，形成与环境的互动。

山东省泰安市宁阳县实验幼儿园　张蕾

教研活动方案2：
聚焦区域游戏空间的规划

一、教研背景

区域游戏也称"区角游戏""活动区游戏"，它是教师根据教育目标以及幼儿发展水平和兴趣，有目的地将活动室划分为不同的区域，如美工区、积木区、表演区、科学区等，投放相应的活动材料，由幼儿按照自己的意愿和能力，以操作摆弄为主要方式进行个别化的自主学习的活动。《纲要》明确指出：幼儿园的空间、设施、活动材料和常规要求等，应有利于引发、支持幼儿的游戏和各种探索活动，有利于引发幼儿与周围环境之间积极地相互作用。区域游戏是具有隐形学习性质的活动，是能让幼儿积极主动地学习和发展的活动，承载着重要的教育功能。只有适宜的、科学的、丰富的活动区环境才能满足幼儿游戏的需要。区域空间的合理布局与划分，是区域活动有序开展的第一步。活动区有目的地分区布置，各区独具特点的环境创设，不仅能够满足幼儿的感官需求，而且是以特有的设计方式将空间环境与幼儿组成非语言性的信息交流场，对幼儿的心理产生潜移默化的影响。区域游戏空间创设，应该以本班空间现状为基础，为幼儿建立一定的秩序，区域空间不合理，可能导致幼儿间的相互影响和干扰，也可能妨碍幼儿之间的交流与互动。基于此，我们开展了本次教研活动，旨在帮助教师理解并在实践中规划优质的区域游戏空间。

二、教研目标

1.基于调研现场,提升教师对不同年龄段、不同区域的空间设置的不同要求的思辨能力。

2.结合对优秀案例的解读,加深教师对班级区域游戏空间设置原则、意义等的理解。

3.在教研引领下基于本班空间的区域设置实践活动,促进教师的空间布局能力和班级整体环境设计能力。

三、教研形式

现场调研、分组研讨、经验分享、案例学习。

四、教研准备

纸笔、区域游戏空间现状调研表、学习案例。

五、教研过程

(一)现场调研,了解班级区域游戏空间规划现状

主持人:在布局活动区前,教师需要对班级活动区的结构做一个整体的思考,确定活动区数量及规划,根据本班活动场地条件设置活动区,各种活动区功能相对稳定,物品摆放相对固定,活动区间隔相对清晰,各个区域之间既相互独立又相互渗透,这样的秩序是幼儿主动活动的背景。现在大家人手一份"区域游戏空间现状调研表",请大家用几分钟时间认真填写。

区域游戏空间现状调研表

调研时间		班级		教师	
班级总面积(含班级周边阳台走廊等公共空间面积)		集体教学空间面积及占比		生活空间面积及占比(含盥洗间、午睡床铺等)	

（续表）

调研时间		班级		教师	
游戏区域总面积			游戏区域数量		
区域名称	区域面积	出入口	预设幼儿数	现场幼儿数	特殊需求（水源、电源、光源等）	活动性（静态：专注性、持久性；动态：交往及互动）
自然角						
科学区						
美工区						
阅读区						
益智区						
建构区						
生活区						
表演区						
角色区						
其他区						
请结合本班区域游戏空间现状，就优缺点及存在的困惑进行分析与自评。						

（二）结合调研，现场分析讨论

主持人收集整理调研表。

教师以年级为单位进行分组，梳理调研表中的问题。

问题一：各个班级设置游戏区的数量不等，那么小、中、大班不同年龄段按照我园的班级空间分别应设置几个为宜？分别是哪些区域？为什么？

问题二：每个区域的空间一般设置多大？有哪些功能需求？建议匹配哪几个固定的家具？

问题三：哪些区域需要考虑特殊需求（水源、电源、光源等）？

问题四：基于"活动性"的需求，大、中、小班该如何规划班级游戏区域的位置？如何安排区域进出口？

各年级组长组织组员展开即时性研讨。

基于问题一的讨论：

王老师：我们幼儿园每个班的班级空间加上门口走廊空间，都接近130平方米，所以我觉得小、中、大班基本都可以设置7—9个游戏区，有转角空间的班级可以把每个游戏区域设置得更大或更多。小班以生活区、美工区、建构区、阅读区和角色娃娃家为主，娃娃家需要有并列的3—5家，因为小班年龄段幼儿主要进行的是平行游戏，交往能力弱，模仿能力强。

李老师：中、大班可以略减少角色游戏区的数量，增加数学区、科探区等区域。

陈老师：大班的角色区可以直接放到走廊，把角色游戏的空间、主题和游戏伙伴等自主权还给幼儿，比如：区域使用的柜子、桌椅和游戏材料等都可以由幼儿自己选择，让幼儿真正自由自主地去计划和实施，根据生活经验生发游戏情境。

邓老师：对中、大班年龄段的学生不仅要增加学习性更强的区域，比如数学区、科探区；也可以扩大相应主题区域的面积，比如在阅读区里也可以设置区中区，分隔出视听区、阅读区、书写区等，让区域游戏满足幼儿全面发展的需求。

基于问题二的讨论：

盛老师：按照游戏区域特点设置2—5人可同时进入游戏操作的空间面积，全班游戏区域可进入幼儿数的总量要达到班级幼儿总数的120%及以上，以便于幼儿完成操作或游戏内容后更换区域，流动游戏。

白老师：一般每个区域要有1—2张长桌或方桌的操作空间，1—2个柜子用于存放各类操作材料，一般采用拐弯放置的方式形成相对隔断的空间；还可以增加网格板等，以增加游戏主题、成品欣赏或操作流程示意图等环境创设。

曹老师：表演区需要有舞台背景区，美工区需要柜子或墙面用于作品展示以及未完成作品的放置。

基于问题三的讨论：

邵老师：美工区或者科学区一般会用到水，应该设置在靠近盥洗室的位置。

毕老师：阅读区要设置在相对安静的区域，但是如果班级空间照度不足，需要让阅读区靠近户外光源处或灯光区，因为合适的亮度能保护眼睛。

蔡老师：幼儿园集体活动区都有多媒体一体机，也方便安排集体观看区，所以较适合设置在表演区。

基于问题四的讨论：

盛老师：在规划区域游戏空间时要考虑动静分离，将性质相近的游戏区安排在一起，比如把交往性的角色区放在班级门口走廊，就近设置音乐区、表演区等。

白老师：科学区、数学区、美工区等以操作性内容为主的安静区域可以就近安排，并相对固定、相对封闭，避免打扰，能让幼儿有秩序感和稳定感，提高游戏的持久性和专注度。

陈老师：不能仅考虑封闭独立，中、大班还要想方设法增加区域间的联动。比如：可以在美工区增加制作点心、蛋糕等，做好后送到角色区的小吃店，还可以有"外卖员"从小吃店取餐送到建构区的工地等等，有效地将各个区域联动起来，不断地生发新的游戏情境，提升幼儿的生活经验，促进幼儿发展。

研讨结束后，汇总形成了与相关年龄段幼儿发展特点更加匹配的经验。

要点一：要有效利用教室内外空间（含走廊、拐角等）规划游戏区域，满足幼儿一日生活和区域游戏的需要。

要点二：各个游戏区域要有比较清晰的划分，既能够按照动静分离的原则有效分开，又能够结合年龄段发展需求考虑相互之间的互通关系。

013

要点三：按照幼儿的年龄段和本班项目课程特色设置班级游戏区域总量和类别，每个游戏区域要确保相应数量人员活动的面积，有清晰的划分和相对的分隔，又有安全的出入口。

要点四：游戏区空间规划整体布局要考虑教师的站位和观察角度，不能遮挡教师的视线。

要点五：游戏区域的隔断设置既要有辅助功能又要可以灵活变通。

（三）学习优秀案例，提高专业能力

选出调研过程中集体评价较高的一个优秀班级手绘区域设置平面图，请绘制老师向大家解说对班级区域空间设置的思考与实践过程。

主持人出示前期收集的班级空间规划平面图，大、中、小班各一个优秀作品，结合前半场教研活动讨论形成的意见，逐一进行讨论评价，帮助教师内化区域游戏空间设置的相关经验。

六、教研实践

（一）注重区域空间规划的应用性

1. 规划整体

整体考虑幼儿一日活动中生活、游戏、学习环节对空间的不同需求，对班级原有活动室、午睡室、盥洗室、生活间等功能区进行整体考虑后再布局游戏区域和区域内部空间。

2. 空间巧用

幼儿园的一切空间都具有教育意义，幼儿在园的活动场地虽然以活动室为主，但拐角、走廊、阳台也应该成为活动室的延伸。而设置班级游戏区域就可以全面开发利用好活动室及周边的阳台、走廊等公共空间资源，并将交往互动等更多的角色游戏区安排在活动室、阳台和走廊上。

3. 数量合理

一个班级设置的游戏区域数量并不是越多越好。数量过多，可能导致进入各区域的幼儿太少，难以产生同伴互助、模仿学习或相互交流,尤其是角色性区域需要足够的流动性人员。而游戏区域数量过少,则可能导致进入区域的幼儿相对集中,产生拥挤、活动内容同质化、操作材料不足等情况。区域数量的多少主要依据活动空间大小和幼儿人数确定。

4.动静分设

在活动区空间位置的设置上,要将性质相近的活动区安排在一起,如可以将比较安静的益智区和阅读区放进午睡室,把需要用水的科学区、美工区放置到靠近盥洗室的地方,将表演区等需要用到电教设备的区域放置到活动室靠近电脑、电视的地方,将建构区放在能够保留作品的非通道角落位置,将适合幼儿流动的比较热闹的角色游戏区安排在走廊,避免互相干扰。

5.动线合理

移动是儿童获得学习经验的正常伴随物,能够促进移动的环境对于工作和学习来说更为重要,移动产生交流。游戏区域之间要避免因进出口单一造成拥堵。幼儿在区域内进行游戏活动,彼此联系,区域间的行动路线能促进连接,生发游戏情境,比如,美工区制作的"烤串"送到角色区的小吃店,外卖员从小吃店送餐去建构区的工地等。

6.适度封闭

不同的游戏区域之间需要有适度的围合或封闭。若空间没有适当的分隔,则容易使幼儿感到杂乱无序,从而产生不稳定的情绪。可以根据区域特点调节每个空间内的橱柜和桌椅进行隔断,如数学区和科学区因为操作材料小而多,所以要用格子比较小的橱柜;构建角和表演区可以采用格子比较大的橱柜。同时还可以用适宜的轻便纸箱、KT板、纱缦等制作分隔架和围帘,划分好每个区域,保证区角游戏中的相应空间,避免幼儿频繁转换游戏区,提高游戏操作的专注性和持久性。

7.便于观察

空间布局也要考虑到教师的观察需要,确保活动开展时,全体幼儿能在教师的视野内活动，方便幼儿有需要时能够及时介入，避免潜在的不安全因素。

（二）区域空间规划突出以"幼儿为本"的理念

1. 以"幼儿为本"的空间意识

区域空间的创设应"以幼儿为中心"，努力确保幼儿成为创设的主体。游戏空间是幼儿进行游戏活动的主要场所，幼儿是游戏空间的主体。教师在创设时应积极发挥幼儿的主体作用，切实以幼儿尺度为标准，仔细考虑活动室中的每个细节，使游戏空间成为儿童的乐园。

2. 以"幼儿为本"的设置方式

所谓提供环境并不是让幼儿去被动地适应环境，应让幼儿发挥主体性，自主开展活动，它不是教师单独完成的工作，而是与幼儿一起不断地改变环境。教师可通过以下步骤提高幼儿在空间创设中的参与度：① 创设之初，引导幼儿参与到游戏空间创设方案的设计中，与幼儿共同探讨空间安排和主题设计。② 创设之中，鼓励幼儿参与空间创设的实践操作，亲自布局环境。③ 创设之后，教师应当采取多种方式了解和倾听幼儿的感受。结合了解到的实际需求，不断调整游戏空间，可以将幼儿最喜欢玩的区域放到教室里重要的位置，扩大区域空间等，形成空间创设的循环路径。

3. 以"幼儿为本"的动态调整

区域空间的创设应具有动态化的特点，教师要结合幼儿的需要以及主题活动的开展，不断调整、更新环境空间，还要随着幼儿游戏情节的发展逐步拓展新的相关游戏区域，不断满足幼儿游戏的需要。

江苏省无锡市华庄中心幼儿园　孟志敏

教研活动方案3：
主题下区域材料投放的思与辩

一、教研背景

在幼儿园教育实践中，材料投放是影响幼儿学习与发展的重要因素。《纲要》提出，教育环境的创设应满足幼儿探索和学习的需要，其中材料的适宜性与丰富性是关键。材料投放不仅关系到幼儿学习的兴趣和动机，更直接影响幼儿的学习成效和经验积累。教师在材料投放过程中的专业判断和创新能力，是实现教育目标和促进幼儿全面发展的重要保障。因此，我们强调材料投放的科学性、目的性和互动性，倡导教师通过精准的材料投放，激发幼儿的探究欲望，支持幼儿的自主学习。随着主题背景下区域活动的延伸学习这一方式的普遍推广，"是否所有的区域都要根据主题活动进行材料投放"成为所有教师关注的话题。基于此，我们开展了辩论式的教研活动，通过辩论促进教师之间的思维交流和智慧碰撞，形成更加丰富、多元的材料投放视角。

二、教研目标

1.通过辩论赛的形式，加深教师对材料投放在幼儿教育中的作用的理解，明确材料投放的理论依据和实践要求。

2.激发教师对材料投放策略的深入思考，提升教师在材料选择、投放和调整中的专业技能。

3.鼓励教师基于辩论成果，勇于在教育实践中尝试新的材料投放策略，不断优化教学方法。

4.加强与家长沟通协作的意识，共同探讨如何在家校合作中更好地进行材料投放。

三、教研形式

本次教研活动采用辩论赛的形式，围绕材料投放的热点问题和实际案例，组织教师展开深入讨论和辩论。通过正反双方的交锋，引导教师从不同角度审视材料投放的策略和方法，促进教师对材料投放深层次的认识和思考。

四、教研准备

1.确定辩题：是否所有的区域都要根据主题活动进行材料投放？

2.确定双方观点。

正方观点：所有的区域都要根据主题活动进行材料投放。

反方观点：不是所有的区域都要根据主题活动进行材料投放。

3.布置场地：两张长桌摆放成"V"形。

4.物质准备：大屏、辩手席卡、话筒等。

五、教研过程

（一）第一环节：开篇立论

正方一辩：

所有区域都要根据主题活动进行材料投放。《3—6岁儿童学习与发展指南》（以下简称《指南》）中指出幼儿园的活动要从五大领域出发，幼儿园五大领域通过主题的形式来呈现，而区域活动本身作为主题的一部分，区域材料的选择要结合五大领域目标贯彻落实。

区域活动不是独立于主题活动之外的教学模式，它是主题的延伸，在主题活动中一些内容幼儿意犹未尽，所以一定要将课堂上意犹未尽的材料投放到区角进行延伸，如果不按照主题投放材料，幼儿的学习经验没有连续性，主题活动中学习的经验就没有在区域里得到巩固。

反方一辩：

首先根据辩题来看，有两个关键词，一是所有的区域，所有的区域即包含了美工区、图书区、生活区、角色区等班级内里的所有区域，同时是否也包含了户外游戏区、活动室活动区域。就活动区域而言，活动区是幼儿游戏的场所，材料是幼儿游戏的内容，如果所有的材料都根据主题投放，那对方辩友如何保证所有幼儿都对本主题材料感兴趣？

这就要说到第二个关键词——主题活动，主题活动包含了许多元素，材料投放是主题活动中的一小部分，如何判断幼儿对于主题活动的兴趣属于集体兴趣，还是个人兴趣？如果在班级中存在这么一个对活动主题不感兴趣的幼儿，那么怎么在材料投放中关注到个别幼儿，保证其个性化发展呢？

所以，我方观点是：不是所有区域都要根据主题活动进行材料投放。

(二) 第二环节：自由辩论

正方二辩：

材料投放时注重每个幼儿的发展水平，投入材料循序渐进，由浅入深，并不断地进行更换和补充，教师在活动中注重引导，坚持从正面鼓励幼儿积极尝试，努力探索。我们有意识地进行区域与主题的整合、互动。每一个区域活动都有不同的功能性，根据主题在每个区域投放材料，能够保证幼儿的全面发展。

反方二辩：

对方辩友提到注重"每个幼儿的发展水平"，幼儿是在与材料的互动过程中主动获得发展的，如果每个区域都按照主题频繁地更改材料，那么个别幼儿与某一材料的互动就会不那么深入，进入新主题后，幼儿仍然对之前的材料感兴趣，那还有必要全部更新吗？所以，我认为：对于幼儿还未完全进入高层次探索的材料，可以继续保留。还有一些针对性较强的材料，例如生活区的叠衣服、编头发等，也是可以直接以幼儿的生活自理能力为直接经验投放材料的，并不需要贴合主题。

正方三辩：

我们应该追随幼儿的脚步开展主题活动，在开展过程中经常会出现幼儿特别感兴趣，具有"探索"和"借鉴"价值，且与区域相关联的活动内容，这时就可将此活动的相关图片、作品和材料等用于区域材料的投放，以推进区域活动的开展。

为了实现主题活动与区域活动的优化整合，我们将继续探讨主题活动与区域活动的有效结合，让两者有效融合，让幼儿在活动中获取新知、在操作中得到发展、在游戏中感受快乐！

反方三辩：

在主题实施过程中我们也发现，许多的区域材料很难和主题贴合，教师们也是费尽心思去找一个理由把主题和材料硬连接起来，但是材料投放的目的不是让教师随意去交差，而是真正地让幼儿投入游戏，只要幼儿想玩、爱玩，材料是不是贴合主题就显得没有那么重要了。材料投放的意义在哪里？比如说"春天"的主题，幼儿说我这个时候就想画雪人，那么这个时候幼儿的想法就和主题不同，难道我们就不可以追随幼儿的兴趣投放材料了吗？

小结：双方在辩论过程中字字珠玑，抓住对方的漏洞进行猛烈抨击，为台下的观众带来了一场精彩的视听盛宴。

（三）第三环节：总结陈词

在结辩环节，正方四辩以《指南》《纲要》为依托，结合之前学习的理论知识，从实际工作出发，铿锵有力地表明自己的态度。反方四辩则是温声细语，以"幼儿兴趣"和"有无必要"为切入点，以四两拨千斤的方式予以还击，立场鲜明，不落下风。

园长点评：今天的教研活动别开生面，辩论会的形式非常新颖，对教师来说是对专业素养的考验，也是教师团队建设的一个提升。我们遇到的很多教育问题都是没有标准答案的，很多时候需要我们以辩论的形式，不仅站在自己的角度也站在对方的角度去思考，希望教师们将"辩"出来的理念运用在实践工作中。

小结：各位教师在这次辩论赛中表达了自己的观点，也倾听了其他人的想法。我们既为自己发声也换位思考地理解了他人，对于"主题下材料投放"也有了更加深刻的认识。辩论的结果并不重要，很多问题的答案并不是绝对的，我们要从"辩证"的角度去思考，不断明确和树立自己的价值追求和教育信念。

六、教研实践

（一）理论深化

共读活动：组织教师阅读相关书籍，深化对材料投放理念的理解。

感悟交流：鼓励教师分享阅读感悟，交流对材料投放的认识和看法。

（二）专家指导

研训活动：邀请专家就材料投放的策略和方法进行讲解和指导。

案例分析：通过具体案例进行分析，邀请专家帮助教师掌握如何根据幼儿行为调整材料的投放。

（三）观察与记录

日常观察：实施追踪式观察法，即教师持续观察某一种材料的投放和使用，记录幼儿与材料的互动。

视频反馈：定期组织教师观看游戏视频，及时进行反馈和讨论。

现场观摩：成立材料投放先锋小组，定区观察材料投放的实际效果。

（四）成果交流

优秀论文：教师每月撰写一篇与材料投放相关的论文，推选出优秀论文供大家学习。

优质案例：每季度申报并分享一篇优质案例，通过园里的平台进行推送，大家交流评优，提升教学质量。

汇报展示：制作宣讲PPT，分享在材料投放中的创新做法和经验。

（五）持续改进与总结

反思与改进：鼓励教师根据反馈进行反思，不断改进材料投放策略。

不断总结：定期总结经验，探讨如何进一步提高材料投放的有效性。

（六）其他

家长沟通：加强与家长的沟通，了解幼儿在家获得的学习经验，促进家园在材料投放方面的合作。

研究氛围：营造积极的研究氛围，鼓励教师在日常教学中主动探索和实践。

团队协作：加强团队协作，共同解决材料投放中遇到的问题。

江苏省南京市栖霞区西岗幼儿园天佑路园 潘苏南

教研活动方案4：儿童视角室内游戏高质量发展

一、教研背景

《评估指南》指出：游戏是幼儿的基本活动，也是幼儿学习的最佳方式。游戏是幼儿了解世界、适应环境的重要方式，也是幼儿在成长过程中必不可少的一部分。作为教师，我们应该怎样去创造良好的游戏环境？在幼儿游戏中教师应该怎样观察？通过观察深度解读幼儿游戏行为后，教师又该怎样有效地介入与指导？怎样最大限度地促进幼儿的深度学习和发展呢？

为全面提高教师立足儿童视角思考设置室内游戏的环境、布局，激发教师对游戏材料投放的思考以及提升教师对幼儿游戏行为的观察与分析能力，我们开展了本次教研活动，以幼儿发展为本的理念为基础，以《指南》和《纲要》为重要工作指南，帮助教师不断更新教育理念、转变教育行为，对设置室内游戏区域有更清晰的理解和认识；提升教师聚焦游戏，有效观察、分析幼儿游戏行为的能力，能给予儿童有价值的支持与指导，不断助推教师专业发展的同时促使幼儿全面发展。

二、教研目标

1. 引导教师树立正确的儿童观、游戏观和课程观。
2. 提升教师对室内游戏空间设置、游戏材料适宜性分析与提供的能力。

3.以尊重幼儿兴趣爱好、激发幼儿自主活动为宗旨，根据班级实际情况创设数量充足、种类丰富、与幼儿发展相适宜的游戏区域。

4.掌握撰写游戏观察记录的方法，提高分析与评价幼儿游戏的能力。

5.夯实教师对游戏观察及指导的策略认识，并运用到本班级游戏活动组织与实施中，优化班级游戏，助推室内游戏的高质量开展，提高幼儿游戏水平。

三、教研形式

1.专题交流——以问题为导向，以理论做引领，帮助教师形成室内游戏的相关理论知识，树立正确的儿童观、游戏观。

2.小组研讨——以真实案例为点，以学习共同体研讨为途径，形成可行性的实施策略。

3.经验总结再实践——形成优化室内游戏建设的有力措施，在各班级逐步实践，进一步提升班级室内游戏质量。

四、教研准备

签到表、教研活动记录纸、笔、教研PPT。

五、教研过程

（一）思想大碰撞，绽放智慧火花

研讨主题：什么样的室内游戏是有价值的游戏？

各小组进行研讨，记录方式可选取自己喜欢或实用的，如网格图、思维导图、绘画等。

保教主任参与小组研讨，及时给予建议，引领研讨方向。

各小组发言人分享讨论交流的结果。

保教主任小结：学习共同体小组结合小组研讨，进行了一次思想大碰撞，大家一致认为要尊重幼儿的天性和个体差异，以幼儿的需求和发展为出发点，从儿童的视角与之互动，以多元化的游戏学习方式满足幼儿的兴趣与需求。室内游戏对于幼儿来说具有重要的作用，不仅能创造性地促进幼儿发展，更是实现幼儿社会化的一种重要方式，同时在我们《幼儿园工作规程》和《纲要》中都讲述到要以游戏作为幼儿全面发展的重要形式，所以评价室内游戏的价值要从多方面综合评价，不能单方面评判和下结论。

（二）聚焦室内游戏建设，共享"玩"的智慧

基于班级的室内游戏设置的现有问题给予诊断，提供优化班级游戏环境及材料的实质建议，帮助教师根据班级实际问题及儿童需要适时、动态对室内游戏环境进行改造、调整。

主持人陈述问题：教师基本具备创设游戏区域的能力，但在观察幼儿游戏时，发现有的幼儿游戏的情况并不是很理想，如幼儿在游戏时的兴趣不持久、游戏情节比较单一难以深入发展等。基于这些问题，我们需要反思：班级设置的这些区域都是幼儿感兴趣的吗？我们的环境以及空间布局都合理吗？投放的材料有没有需要调整或优化的部分？在此背景下，我们需要从提升教师们的专业能力入手，从游戏的环境、空间的布局、材料的投放入手，放慢脚步，一个问题一个问题去解决，助推室内游戏的优质开展。

播放PPT，展示室内游戏区设置情况，集体研讨。

教师积极发言，勇于乐于表达，碰撞智慧的火花。

小结：游戏区域设置的一般技巧：① 游戏环境要有清晰的边界和路线标线；② 要规划通道和空置空间；③ 要根据实际需求划分出不同的区域；④ 要尽可能地扩大空间利用率；⑤ 给幼儿留出自由支配的空间；⑥ 提供的游戏材料要符合卫生安全和幼儿年龄特点，体现出材料的层次性、系统性、可操作性，同时能结合课程或季节的变化体现时效性、地域性、季节性。

（三）"区"动成长，"域"见美好

教师结合班级的实际情况和幼儿兴趣需要，介绍班级游戏区建设

情况，包含幼儿喜欢哪些区、游戏区投放的材料是否吸引幼儿、幼儿在游戏中的需要是否被满足等。

教师逐一陈述后，集体探讨。

通过这样的研讨，让各班级针对自己本班游戏建设情况进行再次审视和调整，明晰有效开展室内游戏的方向和思路，促进室内游戏活动有效开展。

保教主任小结：为什么我们精心布置的游戏区不被幼儿喜欢？这需要引起每一位教师重视和思考。落脚点是幼儿在游戏中可以获得什么发展、游戏内容是否是他们感兴趣的？教师一定要分促进析幼儿发展的核心能力，比如小班建构游戏里，提供的材料可以发展幼儿哪方面的核心能力，如围合、架空等技能。为此，教师要考虑：提供的材料能否满足发展幼儿围合、架空能力的需要。

（四）观摩学习，学会撰写观察记录

播放优质游戏案例视频，集体观摩学习，要求教师撰写观察记录。

分小组，小组代表分享自己的学习体会，讲解观察记录表的记录方式。

各小组交流汇总小组意见。

保教主任小结：观察记录表要有时间、地点、观察人、观察目的、观察实录，通过实际的案例进行观摩，教师能够从中学习到怎样撰写观察记录，督促教师不断地"观察儿童、理解儿童、支持儿童"，提升了教师对幼儿游戏的观察、解读能力。撰写观察记录表，有利于教师养成思辨的能力，提高专业技能，善于运用正确的教育理念，走近幼儿、分析幼儿、读懂幼儿、放手幼儿、支持幼儿，促进幼儿游戏的高质量发展。

（五）优化指导方法，客观评价游戏案例

观摩骨干教师组织游戏的视频案例，重点观摩学习施教者在游戏中的指导策略、被指导的幼儿有什么样的游戏行为。

小组讨论游戏中幼儿面对问题时与同伴出现的互动以及解决问题

的方法，施教者是如何作为游戏的旁观者介入指导幼儿游戏的，学习、优化指导幼儿游戏的方法，夯实教师对游戏观察及指导的策略认识。

经过本次大教研的学习，教师根据游戏观摩评价标准对所观摩的案例进行综合评价，提高专业能力。

游戏观摩评价标准

项目	标准	
游戏创设（20分）	1.游戏场地安排合理，符合动静交替原则，在游戏中为幼儿提供自主、自由交往的空间。	5分
	2.根据幼儿年龄特点创设适宜、适量的游戏区。	2分
	3.游戏内容丰富，形式多样。	1分
	4.环境具有潜移默化的教育作用，有助于幼儿良好秩序的建立。	1分
	5.游戏与班级开展的主题课程有一定结合。	1分
	6.游戏材料丰富，符合本班年龄段需求，有较多低结构材料，能够给幼儿提供更多建构丰富游戏情境的机会。	8分
	7.材料安全、卫生，摆放整齐有序，便于幼儿取放。	2分
幼儿游戏（50分）	1.幼儿积极参与游戏，游戏中保持愉悦的情绪，有良好的游戏体验。	15分
	2.游戏中能较好地体现幼儿的自主、自由、专注，体现游戏开展的深度与持续性，体现幼儿较高的游戏水平。	30分
	3.能遵守共性的游戏规则，幼儿游戏习惯良好。	5分
教师支持（30分）	1.教师灵活运用指导方法，关注游戏前的回顾与引导、游戏中的观察与支持、游戏后的回顾与小结，善于捕捉幼儿在游戏中的闪光点。2.指导、介入时机得当，能及时运用多种策略支持幼儿的游戏，及时捕捉幼儿游戏中的精彩，	15分

（续表）

项目	标准	
教师支持 （30分）	着重促进幼儿游戏中创造性、自主性、合作性的提高。	15分

各小组收集、整理、保存素材，并留档。

小组代表分享学习感悟。

保教主任小结：通过本次教研，教师们对室内游戏的创设、游戏材料的投放、指导方法的运用以及综合评价游戏案例等各方面都有了新的认识，集体的研讨不断碰撞出智慧的火花，帮助教师们进行自身的经验优化，让所有人既是学习者，又是评价者，研评合一，促进相互学习，提升教师观察游戏、解读游戏和回应游戏的能力，引领教师的专业发展。

六、教研实践

（一）理论学习，引领教师不断修正自身游戏观

我们推荐教师积极阅读相关专业书籍，带领教师定期分享精彩的游戏案例，通过教师自学和集体学习分享的形式，激发、调整教师的游戏观，促进教师在日常教育教学中立足儿童视角，用科学的教育观、游戏观引领自身的教育行为。

（二）每学期初开展班级室内游戏创设观摩

每学期初，我们组织教师以年级组形式对各年龄段幼儿的兴趣进行分析，研讨班级游戏区预设，组织全园班级到班观摩、提建议，丰富班级游戏区域创设及游戏材料投放经验，提升班级游戏区预设质量。

（三）班级创设幼儿"游戏故事"墙

各班级在室内环境中创设幼儿自己的"游戏故事"墙，每个幼儿都有一个自己的"游戏故事空间"，每次游戏前的游戏计划、游戏后的游戏回顾等表征，都放置于自己的空间里。教师组织幼儿利用游戏前后时间在集体面前分享游戏故事，利用其他时间开展"一对一"倾听幼儿的游戏故事并简要记录，提升教师对幼儿游戏活动的观察和理解。

（四）教师每月撰写一篇游戏观察记录或学习故事

我们要求教师每月撰写一篇游戏观察记录或学习故事，当月在年级组内交流分享；期末年级组推荐到全园分享，进一步激发教师对幼儿游戏观察与组织的思考。

（五）每学期一次班级室内游戏现场观摩评比

在学期初班级室内游戏预设的基础上，后半学期，我们开展班级室内游戏现场观摩评比，以自评加互评的方式，提升班级室内游戏组织质量。

（六）开展以游戏案例评比为主题的园级学术年会

在园级学术年会里，设置以游戏案例评比为主题的年会比赛内容。鼓励教师在日常游戏组织里做一个有心人，更多关注幼儿的游戏情况，更多支持幼儿在游戏中的深度学习，让幼儿在游戏中得到全面成长。

经过一系列的教研实践，教师自身的游戏认识在不断地修正和提升，通过班级游戏区域预设、游戏现场组织，能看到教师游戏观的不断变化。而教师观念上的变化，直接体现在了日常游戏组织中对幼儿游戏的指导和支持，能更科学地对幼儿的游戏行为给予分析，能更充分地支持幼儿的游戏计划和游戏行为，使幼儿在游戏中的情绪体验更加积极愉悦，游戏水平也有了显著提高。

四川省成都市高新区和美实验幼儿园 刘冬梅 罗前

教研活动方案5：
室内体育运动游戏的开发

一、教研背景

《幼儿园工作规程》明确指出：幼儿园应当积极开展适合幼儿的体育活动，有计划地锻炼幼儿肌体，增强身体的适应和抵抗能力。正常情况下，每日户外体育活动不得少于1小时。《指南》教育建议中也提出：利用多种活动发展身体平衡和协调能力，发展幼儿动作的协调性和灵活性，开展丰富多样、适合幼儿年龄特点的身体活动，如走、跑、跳、攀、爬等。由此可见，开展体育锻炼，提高幼儿的运动能力是非常重要和必要的。我们幼儿园占地面积比较小，户外活动场地有限，阴雨天的室内活动场地也较小，每逢阴雨天总是不能满足全园幼儿同时体育锻炼的需求，为此，我们希望通过集体教研活动，尝试组织幼儿利用班级教室空间开展体育运动游戏，找到解决问题的方法。

二、教研目标

1.研讨如何保证幼儿的体育锻炼时间，如何在阴雨等特殊天气也能保证幼儿开展体育活动，促进幼儿健康成长。

2.通过研讨、观摩、交流等活动，探索有效利用班级教室空间和桌椅等开展体育锻炼的有效策略，提高幼儿走、跑、跳、钻爬、投掷等不同动作技能，促进幼儿健康发展。

三、教研形式

研讨、交流、实践、经验交流、再研讨、再调整、小结。

四、教研准备

游戏视频、纸笔。

五、教研过程

(一) 大胆设想，集中研讨

主持人：众所周知，体育锻炼对幼儿的重要性，现在请大家针对阴雨天可以开展哪些室内体育锻炼进行研讨，希望大家能根据自己所在的年级，结合幼儿年龄特点，积极讨论发言，对拟开展的体育锻炼进行大胆的设想。

大二班：我们设想的是一些集体游戏和动作技能练习的游戏，如：
① 传球：请幼儿排成一队，上方传球，下方传球或侧方传球。
② 走线：地上用"尾巴"排成直线或弯线，请幼儿沿线走一走。
③ 顶球：两个桌子排好，在桌面上放一个球，两名幼儿用头顶球。
④ 顶棍子：用手掌或手指顶棍子或羽毛球拍等，保持平衡，不落下。

大一班：我们设想可以开展一些民间游戏，如三人套圈、钻山洞、炒黄豆、城门城门几丈高、跳皮筋等。还可以利用教室的桌椅，如把椅子反放，玩套圈游戏，或者钻桌洞，或者在桌椅中间绑上皮筋玩穿越火线游戏，等等。

中三班：我们设想了以下游戏：
① 蜈蚣爬：给幼儿分好组，每组幼儿排成一条队伍，蹲下，后面小朋友的双手搭在前面小朋友的肩上，向前走，比比哪组最先到达终点。
② 小鱼游来了：幼儿排成两队，两人一组搭成拱门，第一组幼儿

钻过拱门后在队伍的最后再搭拱门，以此类推。

③过小河：将报纸铺在地上，可进行跳跃练习，也可利用两张报纸交替往前，鼓励幼儿以最快的速度到达目的地。

小二班：我们设想了一些跳跃和平衡类的游戏，如下：

①跳跃：纵跳触物，高度不同，难度不一。

②小白兔采蘑菇：在指定小路上跳跃。

③小马过河：在地面上放一根线，沿着线平衡走。

④走爬练习：利用桌椅摆出高低不同的高度角度，进行走、爬练习。

小一班：我们想组织幼儿玩一些集体游戏，先把桌椅靠边放，幼儿在中间活动。可以分组玩，如搭大桥。可以集体游戏（不用材料或少用材料），如马兰花、运沙包。

中二班：我们设想的游戏如下：

①钻山洞：全班幼儿面对面站好，相互拉手举起搭成桥洞。游戏时，老师发出口令，桥洞一端的两名幼儿开始钻，钻出桥洞后，马上搭成桥洞，老师再发出口令，第二对幼儿开始钻，游戏依次进行。

②立定跳远：全班幼儿分成四组，活动室的中间有两条直线，相距20—30厘米。幼儿站在直线的后面，听到口令，一起跳到对面的线上。

中一班：我们也设想了一些游戏，如传球（向上传、向下传、侧面传），还有炒黄豆、爬桌面、钻桌底、水果蹲、单脚跳等。

主持人：大家发言都很踊跃，气氛也很热烈，畅谈了自己在组织室内活动时的经验和具体设想的游戏，非常好。希望大家都能有这个意识，重视幼儿的体育锻炼，哪怕在阴雨天也让幼儿有锻炼的机会。

（二）视频观摩，内化经验

播放提前准备好的视频，引导教师认真观摩。

观摩要点：

①动作技能的训练；

② 游戏情境的创设；

③ 游戏场地的布局；

④ 幼儿的游戏表现。

观摩后，教师集中研讨，内化经验。

(三) 优化调整经验策略

主持人：刚刚大家观摩了视频，并发表了看法，都表示受益匪浅，还有几位老师有比较独到的见解。接下来请大家围绕室内活动场地的布置、器械的利用、活动内容的选择、组织活动的策略这几个方面进行深入的探讨，大家集思广益，为推进室内体育游戏的开展出谋划策。

刘老师：组织活动时，可以加上儿歌，因为儿歌朗朗上口，很容易学习。对游戏内容的选择可以根据幼儿年龄增减难度，就幼儿平日学习的内容进行创编。

周老师：分享一个我们班幼儿比较喜欢的游戏——"拎重物走平衡木"。在组织的过程中要考虑到不同能力幼儿的情况，提供难度不同的游戏材料。比如可以先提供轻点的水桶，再逐步加水提高重量。或者让幼儿先双手抱一个桶过桥，再逐步过渡到双手提桶，循序渐进。

马老师：即使活动内容比较平凡，但玩法是可以创新的，比如室内玩传球游戏，可以让幼儿从胯下传球、从头顶传球，还可以侧身传球，或者让幼儿自己创编动作，给幼儿自主发挥空间。

高老师：阴雨天设置室内活动场地时，可以巧妙地利用现有桌椅，把柜子朝周边放，中间的场地就比较大了。让幼儿在室内的空地进行体育活动，可以采用小组分流的方式，便于教师指导和观察幼儿。

钱老师：活动内容可以选择民间传统游戏——跳皮筋。除了传统玩法，还可以利用椅子布置场地。将皮筋固定在椅子上，形成三种难度：① 钻过皮筋拉的障碍（穿越火线），不能碰到皮筋。② 勾着一根皮筋跳过后跳出来。③ 增加高度。三个不同难度的项目可以分开布置，让幼儿同时进行游戏，既满足了幼儿挑战不同难度游戏的需求，也减少了等待的时间。

薛老师：在室内玩投沙包的游戏也是个不错的选择，桌椅靠边放，扩大活动空间，让幼儿分组轮流玩，减少了等待的时间，活动效果也好。

徐老师：我们班创设的游戏主要是围绕"跳跃"这个技能进行的，创设了三种不同的游戏，即纵跳触物、行进跳、间隔跳。根据三种不同的跳跃方式将室内活动空间划分为三个互不干扰的区域，幼儿们分区排列，然后有序进行体育锻炼。整个活动中幼儿的积极性得到了很大的提高，而且因为分区锻炼，幼儿们等待的时间较少，练习的时间较多。后期我们还会根据班级内幼儿的发展情况不断更新游戏，保证每个幼儿都能有练习的机会。

孙老师：我们班在室内划分出了三块活动场地，幼儿分三批同时进行游戏，练"跳"，有跳起摸物、荷叶跳、跳圈圈。幼儿们很喜欢这些游戏，参与度高，且等待时间短，所以活动效果很好。

朱老师：我们班安排了爬桌面、钻桌肚的游戏活动，要求小朋友爬桌面时手膝着地爬、匍匐爬，钻桌肚时不碰撞到桌底和桌腿。大家鱼贯进行，很有次序，也没有什么等待的时间。今后会增加走椅子的活动，发展幼儿的平衡能力。

主持人：大家说的这些游戏真不错，有的还很有创意，相信大家学习到了不少组织室内体育游戏的经验和策略，在此也提出几点建议与意见，希望今后幼儿园的室内体育游戏组织能得到进一步的优化。

① 在场地布置和利用方面，希望能更多更巧妙地利用教室内的桌椅和器械，因地制宜、扬长避短，凸显室内材料的优势。

② 在游戏形式选择方面，最好能选择活动量相对较小、比较安静的游戏，有一点难度动作的练习，在室内便于教师示范、讲解。

③ 在教师组织方面，要更注重幼儿的个别差异，提供难易程度不同的练习内容供幼儿自由选择、自主尝试、挑战，以减少等待时间，提高游戏的趣味性。

主持人：本次研讨活动每位教师积极参与，在组织自己班级室内体育游戏、观察其他班级室内体育游戏的基础上，进行深入思考，交流自己的观点，希望大家在日常能够很好地践行，不断推动幼儿游戏的发展。

六、教研实践

（一）灵活规划空间与资源

鉴于幼儿园场地限制，教师应充分利用教室空间，如将桌椅靠边摆放或创造性地利用桌椅作为游戏道具（如"钻山洞""走爬练习"等），确保活动区域最大化。同时，利用简单的材料，如报纸、皮筋、球等，创造多样化的运动环境。

（二）分组轮换与个性化指导

为了确保每位幼儿都能充分参与并减少等待时间，我们采取分组轮换的方式进行游戏。每组专注于不同的活动区域或游戏项目，教师要密切关注各组动态，根据幼儿能力提供个性化指导，适时调整游戏难度，确保每位幼儿都能在适宜的挑战中成长。

（三）融入音乐与儿歌

儿歌的加入不仅能够活跃气氛，还能帮助幼儿更好地记忆动作序列，提高参与兴趣。教师可选取节奏感强、易于跟唱的儿歌配合体育活动，如在"走线"游戏中加入特定的歌曲，引导幼儿按节奏行走。

（四）创新游戏玩法

鼓励幼儿参与创建游戏规则，激发幼儿的创造力和参与热情，也可以定期变换游戏规则或增加新元素，保持游戏的新鲜感和挑战性。

（五）传统文化融入

民间传统游戏具有丰富的教育价值，不仅能够传承文化，还能在有限的空间内提供丰富的动作技能练习。通过调整游戏难度和布局，可以满足不同水平幼儿的需求。

（六）注重安全与秩序

在设计和实施任何活动时，安全始终是第一位的。我们确保所有游戏区域无安全隐患，对如"爬桌面""钻桌肚"等游戏设定明确的安全规则，并监督执行。

（七）评估与反馈

活动结束后，我们会组织简短的反馈会议，让幼儿分享感受，教师也可以根据观察到的情况进行总结，及时调整活动方案，不断提升活动的有效性和趣味性。

通过这些具体的实践做法，教师能够在日常教学中有效地应对特殊天气条件下的体育锻炼需求，不仅保证了幼儿的运动量，还促进了他们的全面发展，同时提升了幼儿园室内体育活动的质量和效率。

江苏省苏州市抱秀幼儿园　徐琳

教研活动方案6：
1+N绘本主题活动下角色区的创设

一、教研背景

角色游戏是幼儿通过扮演角色，通过模仿、想象，创造性地反映现实生活的一种游戏。幼儿根据自己的生活经验和兴趣需要选择主题、角色、材料，游戏过程中自由切换情节和发展内容，使自身的主动性和创造性在游戏中得到充分体现。"1+N"即绘本的延伸活动。在《纲要》的指导下，1+N绘本主题活动下的角色游戏作为幼儿通过模仿和想象创造性地反映绘本故事及现实生活的重要方式，对幼儿的全面发展具有重要意义。本次教研活动旨在通过1+N绘本主题活动，进一步优化1+N绘本主题下角色区的创设，提升幼儿自主游戏的操作能力，促进幼儿在游戏过程中的主动性和创造性。

二、教研目标

1.通过教研活动，提升园部在幼儿教育领域的创新能力和教育质量，建立以幼儿为中心的课程体系。

2.促进教师专业成长，增强教师对幼儿游戏行为的观察、分析和指导能力，提升教师在游戏材料设计和投放方面的专业技能。

3.通过教研活动提高教师创设丰富的角色区游戏的能力，支持幼儿在社会交往、语言表达、想象创造等方面能力的发展。

三、教研形式

1.互动研讨：组织教师进行互动研讨，分享在1+N绘本主题下角色区创设过程中的经验和策略。

2.案例展示：通过PPT或图示来展示各班1+N绘本主题下角色区创设的实例。

四、教研准备

1.资料准备：《纲要》《指南》《评估指南》。

2.场地布置：准备多功能厅或指定区域作为教研活动的场地，并确保场地布置能够满足展示和实践操作的需要。

3.技术支持：确保所需的展示设备（如投影仪、电脑等）运行正常，以便进行案例展示和互动研讨。

五、教研过程

（一）直奔主题，调动经验

开展以绘本故事与角色游戏相结合为主题的沙龙研讨活动。

主持人：在绘本主题下，你所在班级开设了哪些角色游戏？

带着问题，成员以某个绘本为例，发散思维，延伸到各个领域进行沙龙研讨。

讨论结束后，每组请一位教师作为小组代表，向大家分享小组讨论结果。

小班组代表：我们选择了绘本《好饿的毛毛虫》，绘本讲述了一只毛毛虫吃各种食物，最终变成蝴蝶的故事。我们通过绘本延伸创设的角色游戏有"毛毛虫的厨房""蝴蝶花园""自然探索角"。"毛毛虫的厨房"创设了一个烹饪区，让幼儿模拟毛毛虫吃食物的过程，通过游戏学习食物名称和基本的营养知识。"蝴蝶花园"设置了一个装扮区，幼儿可以穿上蝴蝶翅膀，模仿蝴蝶飞舞，了解昆虫的生命周期。

"自然探索角"布置了一个自然观察区，幼儿可以观察真实的毛毛虫和蝴蝶，了解它们的习性。

中班组代表：我们选择的是绘本《十四只老鼠种南瓜》，绘本描述了一家老鼠种植南瓜的过程，以及它们是如何一起努力克服困难获得成功的。绘本延伸创设的角色游戏有"南瓜农场""老鼠家族的家""老鼠村集市"。"南瓜农场"就是模拟农场环境，幼儿可以体验种植南瓜，学习植物生长的基本知识。"老鼠家族的家"设置了一个家庭生活区，幼儿扮演老鼠家庭成员，模拟日常生活，如烹饪、打扫等。"老鼠村集市"创设了一个市场区，幼儿可以买卖南瓜等农产品，学习基本的交易和社交技能。

大班组代表：我们选择的是绘本《会飞的抱抱》，绘本讲述了一个小女孩通过邮寄抱抱的方式，向远方的奶奶表达爱。绘本延伸创设的角色游戏有"抱抱邮局""空中快递""爱心传递站"。"抱抱邮局"设置了一个邮局角色区，幼儿可以体验写信、寄包裹，学习表达情感和邮递过程。"空中快递"利用飞行玩具模拟快递的运输过程，幼儿在游戏中学习空间概念和方向感。"爱心传递站"创设了一个传递爱心的区域，幼儿通过各种活动，如画画、做手工，向他人表达关爱。

小结：教师们从儿童本位的角度，从幼儿的生活经验出发，根据幼儿兴趣，结合绘本课程中幼儿当下的需要，创设丰富的角色游戏，并结合幼儿的年龄特点分层次投放游戏材料，拓展幼儿游戏的内容与情节。

（二）实例展示，剖析问题

主持人：刚刚教师们的分享很有创意，为了让大家直观地看到实例，我们在PPT里收集了一些汇总，现在请大家看课件，认真观摩，如果发现问题，一起分析，共同进步。

教师们认真观摩课件，做好笔记，便于交流沟通。

主持人：在这些案例中，你们发现了哪些问题？

杨老师：在"寻宝"游戏中，我发现幼儿对寻找游戏很感兴趣，但有时他们很难区分不同的"食物"。可能是因为提供的食物图片在颜色和形状上过于相似，导致幼儿难以辨认，这里需要更多样化和区别明显的食物标识。

谢老师：在"小吃店"游戏中，幼儿在角色扮演中非常投入，但我发现他们在制作"南瓜饼"时，对于量的控制还不够准确。可能是没有提供足够的量具或示范，幼儿对于食材的配比理解不够深入。可以加入量杯和勺子，并示范正确的配比方法。

张老师：在"会飞的抱抱"角色区，幼儿在表达情感方面做得很好，但我发现他们在写信和包装礼物时，缺乏一定的组织性。可能是没有提供清晰的指导步骤或模板，幼儿在进行这些活动时有些无从下手。需要设计一些简单的指导卡片，帮助他们理解写信和包装的步骤。

赵老师：在"海底世界探险"角色区，幼儿对于海洋生物的探索兴趣很高，但我发现他们对于生物的了解还比较表面化。可能是因为提供的学习资料和互动材料不够丰富，没有引导幼儿深入探究。这里需要增加更多互动元素，如海洋生物的3D模型以及相关的科普视频。

陈老师：在"我型我秀剧院"中，幼儿的表演欲望很强，但我发现他们在准备过程中，对于角色的理解不够深入。可能是没有提供足够的角色背景资料，幼儿在扮演时缺乏对角色性格和动机的理解。这里需要为每个角色准备背景故事卡片，帮助幼儿更好地融入角色。

申老师：在"邮政银行"角色区，幼儿对于金钱交易的模拟很感兴趣，但我发现他们对于金钱价值的认识还不够。可能是因为我们没有结合实际生活，让幼儿理解金钱的实际意义。我们需要与家长合作，让幼儿通过家庭活动了解金钱的价值和使用方法。

主持人：发现问题是为了更好地解决问题，现在让我们来学一学《纲要》《指南》《评估指南》里的一些指导意见。

《纲要》强调了以儿童为本，尊重儿童的兴趣和选择，以及通过教育活动促进儿童的全面发展。《指南》提倡以游戏为基本活动，强调教育的趣味性和实践性，鼓励幼儿在游戏和探索中学习。《评估指南》则注重教育过程中的观察和评价，提倡形成性评价，以更好地理解幼儿的发展需求，并据此调整教学策略。

主持人：大家也都学习过相关专业书籍，请大家做一下分享。

李老师：在阅读时，我了解到儿童的认知发展是逐步建立的。在角色游戏中，我们应提供分级的挑战，让幼儿在成功体验中逐步提升自我效能感。

王老师：通过阅读学习，让我认识到每个幼儿都有其独特的智能组合。在角色区创设时，我们应该设计多样化的活动，满足不同幼儿智能发展的需求。

刘老师：通过学习，让我认识到环境对儿童发展的重要性，游戏区域的布置和材料的选择应充满启发性，能够鼓励幼儿探索和学习。

周老师：我们应鼓励幼儿在角色扮演中自由发挥，创造自己的故事线，这提示我们在角色区应提供开放性材料和情境，激发幼儿的想象力。

小结：通过案例研讨、问题剖析，我们不仅发现了角色区创设中存在的问题，而且通过深入分析和讨论，找到了解决问题的方法。我们认识到，发现问题是为了更好地解决问题，通过不断学习和实践，我们可以不断提升角色区的教育质量。同时，我们也将《纲要》《指南》和《评估指南》的重要观点融入我们的角色区创设中，确保我们的活动既科学又符合幼儿的发展需求。教师们分享的专业书籍学习心得，为我们提供了新的视角和方法，帮助我们更好地理解和支持幼儿的学习。在今后的工作中，我们将继续贯彻以儿童为本的教育理念，利用游戏和观察评价等手段，创设更加丰富、适宜的角色游戏环境，以促进幼儿的和谐发展。通过不断的实践、反思和调整，我们将努力提升教育质量，为幼儿的健康成长和终身学习奠定坚实基础。

（三）材料的收集与游戏道具的制作

主持人：低结构材料在幼儿教育中扮演着至关重要的角色，它们因其低成本、多功能性和易于操作的特点，极大地丰富了幼儿的游戏和学习经验。这些材料能够激发幼儿的想象力和创造力，鼓励他们探索、实验和解决问题，从而促进幼儿在多个领域的全面发展。我们幼儿园及周边资源也有着丰富的低结构材料，我们应充分利用这些资源，抓住幼儿兴趣点，调动幼儿已有经验，创设游戏环境，为课程服务。现在请大家说一说我们身边有哪些低结构材料可以使用。

李老师：我们可以利用废旧纸箱和纸板来制作各种建筑和交通工具的模型，这些材料轻便且易于改造，非常适合幼儿进行角色扮演。

王老师：可以使用自然材料，如树枝、树叶和石头，激发幼儿对自然界的好奇心。

赵老师：布料和纱线可以用于角色区的服装和配饰制作，幼儿可以学习简单的缝纫技巧，或者用这些材料来装扮自己，增强角色扮演的体验。

刘老师：塑料瓶和瓶盖是日常生活中常见的材料，我们可以将其回收利用，制作成各种乐器或加入到角色游戏中，增加游戏的多样性。

陈老师：旧图书和杂志中的图片可以剪下来作为角色区的背景或道具，比如制作一个"图书馆"或"报社"的角色游戏区。

主持人：原来我们身边的资源这么丰富，教研在某种意义上就是一个发现教师日常教育活动中的问题、聚焦问题、研究问题并解决问题的过程。通过今日的梳理，相信大家对材料的投放都有了更深的理解。我们也都知道角色游戏需要一些游戏道具，游戏道具除了那些成品的，也可以自制一些，尤其要注重提高幼儿参与的积极性。现在请大家就"绘本主题下如何在角色区投放材料和自制游戏道具"这一话题进行讨论，要求从以下三个要点展开。

要点一：绘本与角色区相结合的可能性。

要点二：如何在角色区投放能够突出绘本价值的材料。

要点三：如何引导幼儿参与游戏道具的制作。

教师围绕话题发散思维，碰撞智慧的火花。

吴老师：结合绘本《彩虹鱼》，我们可以引导幼儿使用彩色纸张和闪光片制作自己的彩虹鱼，或者制作成头饰进行角色扮演游戏，这不仅能锻炼幼儿的手工技能，还能让他们更深入地理解故事内容。

郑老师：结合绘本《三只小猪》，我们可以在角色区用积木和纸箱建造三个不同材质的房子，并引导幼儿讨论哪种材料最坚固，这样的活动可以激发幼儿的思考和讨论。

郭老师：在自制游戏道具方面，我们可以组织一个"亲子制作日"，邀请家长和孩子一起利用家中的废旧物品制作游戏道具，这样不仅能增强家园联系，还能让幼儿感受到创作的乐趣。

王老师：在制作游戏玩具时，中大班教师可以适当放手，让幼儿参与其中，通过亲身体验，使幼儿在玩中学、在学中玩，加深游戏感受。

李老师：我们以经典绘本《小黑鱼》为例，形象具体地将绘本里的元素融入角色区，还巧妙地利用低结构材料和身边易得的材料进行投放和布置环境，使得绘本故事在角色区得到延续。

陈老师：还可以举办展示活动，各班展示角色区创设成果，这样大家就可以直观地看到设计思路，促进互相学习。

小结：老师们在交流讨论的过程中，从幼儿兴趣和绘本延伸出发，投放的材料考虑到了安全性、层次性、可持续性、游戏性，并提到要与幼儿共同收集材料和设计游戏环境以及游戏玩具，以满足幼儿的游戏需要。

六、教研实践

（一）绘本主题与日常教学的深度融合

绘本主题教学计划：制订详细的教学计划，确保每周至少有一次绘本主题活动，与日常教学内容相结合。

绘本主题环境布置：创设与绘本主题相符的教室环境，利用墙面、角落等空间布置绘本角色和场景，让幼儿在日常生活中自然接触绘本元素。

绘本主题家园互动：通过家长会、家园联系册等形式，向家长介绍绘本主题活动的目的和方法，鼓励家长在家中与幼儿共读绘本，延伸绘本学习经验。

（二）材料投放的策略与持续改进

制定材料投放策略：根据绘本主题和幼儿的兴趣，制定材料投放策略，确保材料的多样性和适宜性。

材料使用反馈机制：建立材料使用的反馈机制，通过观察记录幼儿与材料的互动情况，及时调整材料的种类和数量。

材料创新与循环利用：鼓励教师和幼儿利用废旧物品制作游戏材料，培养环保意识，同时激发幼儿的创新思维。

（三）家园共育的实践与拓展

家园共育活动：定期举办家园共育活动，如家长开放日、亲子阅读会等，让家长更深入地了解幼儿园的教育理念和教学活动。

家长教育资源库：建立家长教育资源库，提供绘本推荐清单、家庭教育指导等资源，帮助家长在家中开展绘本主题活动。

家长参与教学：邀请家长参与幼儿园的教学活动，如担任故事妈妈/爸爸、参与角色区材料的收集和制作等，增强家长的参与感和归属感。

（四）教师专业发展的路径与方法

专业培训与发展计划：为教师提供专业培训机会，包括绘本教学法、角色游戏创设策略等，制订个人发展计划。

教学研讨与经验分享：定期组织教学研讨活动与角色区创设经验分享，鼓励教师相互学习，共同进步。

教学反思与案例研究：鼓励教师进行教学反思，记录教学过程中的得失；开展角色游戏案例研究，提升实践经验的深度和广度。

（五）在角色区游戏中运用创新思维

创新游戏设计：鼓励教师设计新颖的角色游戏，如通过绘本故事的场景模拟社会生活、传统文化体验等,拓展幼儿的游戏经验。

幼儿主导的游戏创设:鼓励幼儿发挥主导作用,自主选择游戏主题、分配角色、制定规则等,培养幼儿的自主性和创造力。

创新材料与技术的运用:探索将新型材料和技术应用于角色区的创设,如使用环保材料、多媒体技术等,提高游戏的互动性和趣味性。

江苏省南京市栖霞区西岗幼儿园天佑路园 潘苏南

教研活动方案7：
角色游戏中的同伴支持

一、教研背景

角色游戏是幼儿通过扮演角色，运用想象，创造性地反映个人生活的一种游戏，通常都有一定的主题，如娃娃家、商店、医院等，所以又称为主题角色游戏。角色游戏是幼儿对现实生活的一种积极主动的再现活动，游戏主题、角色、情节、材料的使用均与幼儿的社会生活经验有关。在角色游戏中，幼儿通过对现实生活的模仿，再现社会中的人际交往，练习社会交往技能，不知不觉就提升了人际交往能力。教师对角色游戏对幼儿发展的影响的理解不断加深，对幼儿开展角色游戏的支持方式有了一定的认识，能够给予幼儿充分的空间、时间及物质基础，来满足幼儿的游戏需要。但在实际工作中发现，由于幼儿具有个体差异，游戏后的收获各有不同，这启示我们：游戏中除了教师的支持外，同伴支持也可以推动游戏情节的发展。有了这样的想法，我们便积极组织教师开展本次教研活动，梳理同伴支持的同时，研讨幼儿在角色游戏中遇到的实际问题，有针对性地提出解决方案，提升幼儿的角色游戏体验。

二、教研目标

1.在理论与实践经验碰撞中，梳理同伴支持与幼儿自主发展之间的关系。

2.通过研讨，为提高幼儿角色游戏水平制定出可行的支持策略。

三、教研形式

集中研讨、分组研讨、观摩游戏视频。

四、教研准备

PPT、纸、笔、游戏视频。

五、教研过程

（一）回顾已有经验

主持人：角色游戏是幼儿对现实生活的反映，幼儿的生活内容越丰富，游戏内容就越充实、新颖，游戏的水平也就越高。前面我们对角色游戏做出了一系列探索，现在我们一起来回忆一下已收获的经验。

教师积极发言。

小结：教师们的已有经验主要体现在两个方面。一是环境的支持：物理环境支持下，基于高低结构材料的提供，支持了幼儿自主替代行为、自主创设区域布局、积极主动的游戏探索行为；在心理环境支持下，幼儿的游戏行为完全不受限，没有限制和压抑，幼儿们是在放松的氛围下积极主动游戏的。二是教师的支持：在游戏中，教师通过观察，及时发现幼儿的需求并提供支持，不断促进幼儿在游戏中得到发展。

（二）经验碰撞——引出同伴支持

主持人：我们注重游戏的指导、提倡幼儿自主，都是为了幼儿在游戏中获得良好的发展，让幼儿在自己现有的经验基础上有所提升。我们前面提到了游戏中的环境支持、教师支持，今天我们来探讨一下"同伴支持"。请大家根据自己的经验，围绕"同伴支持"四个字，说说你的理解、想法。

教师 A：班级中常常会有几个内向、不乐意主动表达的幼儿，在与能力较强的幼儿一起游戏的过程中，能力强的幼儿会带动内向的幼儿，可以有同伴的支持作用发生。

教师B：我认为模仿也是一种支持，比如幼儿间互相的模仿也可以促进游戏能力的发展。

教师C：我和大家的想法角度不同，我觉得有时候在游戏中，不同的幼儿面对同一个游戏情节有不同的想法，在争辩的过程中也是一种无形的同伴支持。我们支持幼儿在游戏过程中深入思考，多角度尝试。

小结：同伴支持分为单纯同伴支持以及教师支持下的同伴支持，同伴支持可以让能力强的幼儿帮带能力弱的幼儿，有同伴的影响，可以有效促进幼儿游戏的高水平发展。

（三）同伴支持下的角色游戏

主持人：角色游戏中可以有怎样的同伴支持呢？我们来看一段角色游戏视频，内容是"牙医"，在观摩时请带着以下问题进行思考：①你看到同伴支持了吗？②视频中的同伴支持推动幼儿游戏的发展了吗？

集体观摩游戏视频"牙医"。

主持人：看完这段视频，请大家分组研讨，各组代表来做分享。

教师代表A：视频中是有同伴支持的。从视频中可以看出，扮演牙医的幼儿对牙医的经验比较丰富；扮演牙医助理的幼儿虽然知道游戏主题，但是对牙医工作内容的经验较少；在游戏中，经验不够丰富的幼儿有模仿行为，模仿也是学习，促使自己从"不会"到"我可以试试"，在模仿中丰富了游戏经验。

教师代表B：视频中的情节变化也是从同伴支持中来的。当扮演患者的幼儿看完病之后，扮演"牙医"的幼儿从药盒里拿了一个瓶子，说："这是你的药，每天吃一粒就好了。"从这个过程能够看出他对"去医院看病"的流程是很熟悉的，小患者"看完病"的情节推动了"拿药"情节的产生。

教师代表C：从视频中我们看到了"情绪和情感"的产生。比如在游戏中两位医生的语言都表达了对病人的关心,对照《指南》中情感方面的内容,看到了幼儿间关注他人的情感需要,在他人难过时给予及时的帮助,积极的情绪体验能促进幼儿游戏发展。

小结:同伴支持,对拥有不同游戏经验的幼儿来说,会获得不同的发展。幼儿在角色游戏社交中共享、传递已有经验,拓展、提升社会经验。从视频中,我们了解到同伴支持对幼儿的社交能力、认知经验、情感体验提升有帮助,并达成了共识。

主持人:现在让我们来看另一个游戏视频"内向的浩浩"。我先简单介绍一下这个视频:浩浩是一名内向的幼儿,从小班开始,基本不参加每一次的角色游戏。他总是默默坐在椅子上,邀请他一起游戏也会遭到抗拒。今天,有两名幼儿再次叫他加入游戏,浩浩依然不为所动,其中一名幼儿就牵起浩浩的手,热情地拉他到小舞台边,告诉浩浩看她们表演,然后浩浩就被动地以"小观众"的身份加入了游戏。现在我们就来观摩视频中浩浩的表现吧。

教师带着问题"同伴支持对浩浩的推动作用"来观摩视频。

话题讨论:你看到了哪些同伴支持?对浩浩有推动吗?

教师积极发言。

教师A:我看到了同伴对浩浩心理方面的支持。虽然浩浩坐在小舞台前,但是目光始终是游离在外,似乎在寻找谁。直到有一个女孩子坐在他身边,浩浩才停止了"寻找",专注于观看舞台节目了。同伴的陪伴,让浩浩减少了孤单带来的不安,增强了参与游戏的意愿。

教师B:游戏中出现了着火的情节。当发生火灾后,结合我们学校经常开展消防逃生演练的经验,游戏中的幼儿都做出了相应的动作——捂住口鼻弯腰逃生,浩浩看到这一幕,在最后也捂住了口鼻,参与到逃生的队列中。当幼儿的消防逃生经验遇到了火灾游戏的情节时,同伴们"逃生"的场景助推了浩浩参与"逃生"的积极性。

主持人:在视频中,我们看到浩浩加入了游戏,尽管表现不多,但已经有了很大的突破,同伴的支持对浩浩起到了心理陪伴和推动作用。

话题讨论：同伴支持是单向发生的还是双向发生的？

教师A：有时候能力强的幼儿是无意识地发生支持，但是能力弱的幼儿获得了支持就比较显性，这个就属于单向发生，例如情节的感染、游戏行为的模仿等。

教师B：当幼儿之间出现经验的碰撞或共鸣时，这时的支持就是双向的。

主持人：单向、双向都有，虽然这个视频中的同伴支持是单向发生的，但在实际的带班过程中会发现，很多同伴支持都是发生在双方互动的情况下，所以单向、双向都可以体会到同伴支持的作用。

话题讨论：同伴支持是真的没有老师的事儿了吗？什么情况下需要老师的支持介入？

教师A：在游戏中，老师需要根据幼儿的需求准备相应的材料、环境、空间等，这些都是助推同伴支持发生的必要因素。

教师B：有时老师基于观察、分析幼儿需求之后，鼓励幼儿参与到游戏情节，为后续同伴支持打基础。

教师C：游戏过程中老师可以给幼儿足够的时间和空间，耐心地等待幼儿参与。

主持人：大多数情况下不需要老师，特殊幼儿可能需要老师打下一个发生同伴支持的基础。

话题讨论：回归到浩浩的视频中，如果你是班主任，你看到视频中的情况，你会再推一把吗？后续的角色游戏中，浩浩又坐在椅子上一动不动，你会怎么做？

教师A：我可能会继续观察幼儿是否在下一次游戏中能主动发起同伴间的游戏情节。

教师B：如果他一个人在游戏中也很稳定，情绪愉悦，那么就不需要做另外的推动。

教师C：我倾向于以同伴的角色带动他，让他更快适应。不过视频中浩浩有了同伴,那么我们老师自然是不用介入的。所以我认为老师可以在了解幼儿的基础上,根据游戏实际情况选择是否介入。

小结:是否介入需要基于教师对幼儿的观察和了解,在正常情况下教师尽可能不要去介入,因为浩浩已经感受到了同伴游戏的快乐,可以顺其自然地循序渐进;至于后续的角色游戏的开展,则要看看浩浩的表现,当然也可以给他搭建一个发生同伴支持的场景。

(四)"同伴支持"再思考

主持人:今天的研讨,分别选择了普通幼儿和特殊幼儿两个类型的案例,经过大家的观察分析与思考,我们共享了自己的经验与智慧,现在让我们对"同伴支持"进行再思考,看看有什么要补充的吗?

教师A:同伴支持的发生主体是幼儿,老师虽然是"旁观者",但却需要对幼儿开展细致的"观察",发现问题及时引导,推动同伴支持。

教师B:同伴支持并不只是幼儿和幼儿之间的,老师也可以是幼儿的同伴。

教师C:我们在关注幼儿经验生成和发展的同时,还应关注幼儿的情感需求。

教师D:支持的方法很多,平时我们可能用语言指导多一些,以后还可以关注"同伴模仿""经验推动"的方法。

小结:同伴支持的主体、对象、方法是方方面面的,幼儿不同,支持的方式也是不同的。同伴支持的发生,并不是教师完全放任不管,对有特殊需要的幼儿来说,教师要及时介入,因为教师也可以作为同伴来陪伴幼儿,帮助幼儿一起发展。

六、教研实践

(一)组织参与、观摩平行班级角色游戏

教研后,为了更好地了解年级组内每个班级在角色游戏中同伴支持的情况,我们开展了"平行班游戏互相观摩"活动,以"每人看一个游戏区域"的方式，观察幼儿在游戏中的发展需求，助力同伴支持。观摩后借助"小纸条智慧""分享沙龙"平台，及时传达观摩游戏的感受，以组室力量共同提升教研成效。

（二）创设案例分享平台，不断提升专业成长

为了进一步激励教师的专业成长，我们会根据需求不定期组织研讨活动，注重教师在研讨活动中进行"案例分享"，创设教师之间相互学习的交流平台，形成互学互助的学习氛围，在这样的学习环境中，大家不仅注重案例的拍摄与收集，不断积累素材，还可以在学习中自我鞭策，不断激励自己的专业成长。

上海市嘉定区中国福利会新城幼儿园　陶玲欢

教研活动方案8：区域游戏中教师的观察与介入

一、教研背景

区域游戏是幼儿的一种重要的自主游戏活动形式，为幼儿自主获得游戏经验提供了机会和支持。要使区域游戏对幼儿的发展发挥最大化价值，须在区域游戏中实现幼儿的深度学习。因此，幼儿在区域游戏时，教师如何观察与介入就是当下要研讨的内容。本次教研活动中，通过研讨，帮助教师理清思路走出困境，营造支持性的区域游戏环境，激发幼儿在游戏中深度探究。

二、教研目标

1.引导教师有侧重地对幼儿在游戏活动中的行为进行观察，提升教师的观察能力。

2.通过微格教研分析"多层楼房"案例，辨析、讨论教师介入的时机与方法。

三、教研形式

1.头脑风暴：教师围绕问题自由发表意见。

2.案例研讨、微格研讨：帮助教师逐步形成"观察—识别—回应—介入"的思维路径。

3.分组讨论：将教师分成若干小组开展讨论，引导教师从不同维度观察、分析幼儿游戏。

4.集体研讨：让教师在观察与回应幼儿时掌握一定的技巧，使幼儿的意愿得到充分的尊重和满足。

四、教研准备

1.提前预设好想要解决的问题：

（1）如何观察、识别游戏中幼儿的行为？

（2）如何把握教师介入的时机与方法？

2.录制"多层楼房"游戏案例视频。

3.提前自主学习相关理论书籍，用小纸条的形式提炼关键词，为有效开展教研活动做准备。

五、教研过程

（一）问题导向，引出主题

1.抛出预设的问题，教师自由发表看法。

主持人：幼儿玩过搭建游戏，已经熟悉了建构材料和辅助材料的使用，能够搭建出高楼、四合院、平房等不同形式的房屋，但有可能在游戏活动中缺少游戏的主题。作为观察者，应如何观察识别游戏活动中幼儿的行为？如何把握教师介入的时机与方法，从而将游戏推向更高水平？下面请老师们自由发表看法。

教师1：游戏结束后，在基于幼儿经验的基础上，提出问题，请幼儿来讨论，找到解决办法。

教师2：当幼儿在进行区域游戏时没有主题性，我们可以录制视频，通过视频帮助他们在游戏结束后思考问题，内化经验。

2.教师围绕"游戏活动中幼儿行为的观察与介入"这一主题开展研讨。

小结：树立"相信幼儿是有能力的学习者和沟通者"的理念，使教师能够从理解、欣赏幼儿的视角出发，做一名善于用心观察幼儿、读懂幼儿的教师。

（二）观摩学习，提高专业性

1.播放游戏视频"多层楼房"。

主持人：今天，我们一起来讨论视频里教师在幼儿游戏活动中的回应、支持、介入策略。

视频大致内容：林林在之前几次的活动中，已经用围合的方法多次搭建了动物的家，近两次的活动中他开始对垒高表现出浓厚的兴趣，经过多次尝试，多层高楼搭建成功。

多层高楼搭建次数	使用材料	搭建方法	效果
第一次	正方形和长方形彩色泡沫积木	向上叠加	挑战失败
第二次	奶粉罐、圆柱形积木	奶粉罐上叠加积木	挑战失败
第三次	奶粉罐、圆柱形积木	围合后叠加	挑战失败
第四次	奶粉罐、圆柱形积木、泡沫垫子	围合、叠加	挑战成功

2.分组研讨：你在视频中看到了什么？发现了什么？其中发生了怎样的学习故事？各组派代表进行分享。

研讨片段	关键词呈现	价值与评价
教师代表1：从认知和思维角度出发，视频中林林用奶粉罐替换椰奶罐，达到搭得更高和更稳固的目的，林林已经积累了下大上小的建构方法。	认知和思维	教师观察得都很仔细，有观察才有认知。当教师从认知和思维、粗大动作和精细动作、情感与益智、交往与表达、个性特征这些方面对幼儿进
教师代表2：从他的大动作发展来分析，林林在搭建时有跳、踮脚、手使劲儿够的动作，用这些动作来保持身体和高楼的平衡，他的身体具有一定的平衡性与协调性。	大动作发展	

（续表）

研讨片段	关键词呈现	价值与评价
教师代表3：其实不仅大动作，我觉得这里面还有精细动作的发展，林林还会用双手将罐子叠整齐后，在罐子里面轻轻加上泡沫垫子，以防楼房倒塌，这正是幼儿精细动作的行为表现。	精细动作的发展	行了细致的观察，尝试去"读"幼儿，才会有准确的识别，才能"懂"幼儿，才能激发出幼儿的求助意识及获得成功感的喜悦。
教师代表4：在情感方面，林林会用跺脚等行为来为自己的成果欢呼；同时，通过求助与小伙伴的帮忙，获得成功。当幼儿获得成功感后，就会激发起学习的主观能动性，再次投入学习，情感成为自主学习的推进器。	情感方面	

小结：通过这样的研讨，不仅可以帮助教师从不同的维度观察幼儿的游戏，也帮助教师学会发现幼儿在游戏中的学习行为，从而在日常教学中能够运用镜头捕捉一个个鲜活的"哇时刻"，把视角回归幼儿，观察、发现、倾听并记录下幼儿们的学习故事，提高专业能力。

3.集体研讨：你觉得该活动中教师要不要介入？如何介入？个别教师发言。

研讨片段	关键词呈现	价值与评价
教师A：无须介入。给他们一些自主的空间，看看他们后续会怎样，老师的介入会剥夺幼儿思考的机会。	给幼儿自主空间	不管是即时介入还是延时介入，直接回应还是间接回应，在进一步和退一步之间教师要有整体的
教师B：可以无痕介入。老师可以给幼儿一些辅助材料，比如小箱子、小板凳等，看幼儿会如何使用这些材	提供辅助材料	

（续表）

研讨片段	关键词呈现	价值与评价
料，这也是一种回应，既不干扰林林的思考，又能够引发他们利用其他区域材料来帮助自己解决问题。	提供辅助材料	价值取向，教师在介入时也要考虑到一些小技巧，如引趣法、暗示法、参与法、讨论法，通过不同的方法使幼儿乐玩、爱玩、会玩，从而提高幼儿各方面的能力。
教师C：教师的介入应该存在于幼儿遇到危险或者比较严重的挫折情况下，而目前，并没有这样的情况出现。	遇到问题时介入	
教师D：教师可以以游戏者的身份介入，如征求林林的同意后与林林合作搭建。	征求同意一起游戏	

经验梳理：

（1）在区域游戏开展之前，幼儿对开展什么把握不定、对游戏内容缺乏了解或兴趣不足时，教师需要介入。

（2）当幼儿在开展区域活动过程中遇到某项困难时，如游戏无法进行、幼儿出现纠纷、游戏中断等，教师需要及时介入并予以帮助。

（3）当幼儿在开展区域活动过程中忙于摆弄、难以深入开展和发展游戏时，教师需要及时介入指导。

六、教研实践

（一）学习游戏理念

引导教师学习关于教师自身观察能力、解读能力的相关知识，增强教师对游戏观察的认识与理解。推荐相关专业书籍让教师从理论上正确认识幼儿游戏，帮助教师领会游戏精神，重构游戏理念。我们还通过制作《指南》小本子，让教师重读《指南》，就《指南》中的重要观点与理念进行语段摘抄，在"抄写—内化经验"的过程中提升教师理论联系实际的能力。还会不定期引导教师关注行业专家的直播讲座，或者安排教师外出参加专业培训，然后挑选出骨干教师对大家进行二次培训，不断强化教师的理论认知，促进教师的专业成长。有能量的教师才能引领幼儿愉悦、投入地游戏，真正做到让游戏点亮幼儿的幸福童年。

（二）持续撰写观察记录

有了理论知识的支撑，我们也十分注重训练教师的实践能力，每次开展幼儿游戏，我们都会引导教师做好观察记录，通过持续地撰写观察记录，教师会不断反思，从而不断提高分析与解读幼儿的能力，也能更好地提升自己的专业水平。为了让教师之间形成互动，我们创建了游戏故事分享群，要求教师每周至少分享一次自己班级的游戏小故事或者自己撰写的观察笔记，帮助教师相互学习、彼此影响、共同成长。

（三）面对面交流分享

我们组织教师利用中午的时间进行经验分享，在交流中碰撞思维、在感受中不断创新、在创新的过程中凝结智慧，然后梳理出实践经验，为大家今后更好地组织幼儿游戏提供支持和帮助。在这样的思维碰撞中，教师逐步认识到直接介入幼儿游戏的行为实际是对幼儿能力的不信任，教师要正视幼儿的能力，转换观念，要尊重幼儿、相信幼儿，用心观察，给予幼儿充足的自主机会，让幼儿自己在游戏中解决问题，不仅能够提高幼儿解决问题的能力，还能够学会与同伴相处，提高交往能力。

（四）递进式观摩学习

为了加强教师的学习成果，我们制订了递进式观摩学习的计划，就是有层次地组织教师观摩学习优秀游戏案例。第一次观看视频时，不做任何要求；第二次观看时，要求教师带着目标去观察，然后讨论与第一次观摩学习有什么不同感受。通过这样的对比学习让教师意识到用心观察的重要性，因为只有用心观察幼儿，才能了解幼儿、读懂幼儿，才能有效地支持幼儿。而到了第三次观看视频时，就要求教师仔细观察游戏的细节，第四次时要求带着问题进行观察……通过这样递进式的观摩学习，逐步加深教师观察幼儿游戏的思路，知道如何有效地观察幼儿、发现幼儿的兴趣在哪里、幼儿的已有经验是什么、游戏中想解决什么问题、游戏中是否遇到了困难、当下需要什么支持，等等。

山东省莱阳市实验幼儿园　王海荔

教研活动方案9：
走进观察，学会看见儿童

一、教研背景

《评估指南》指出：认真观察幼儿在各类活动中的行为表现并做必要记录，根据一段时间的持续观察，对幼儿的发展情况和需要做出客观全面的分析，提供有针对性的支持。由此可以看出，观察是幼儿教师走近幼儿、了解幼儿的重要途径。"科学观察—正确解读—有效支持"是教师与幼儿日常互动中应有的专业行为。因此，学会观察、深入观察，是促进师幼有效互动的首要任务。

为助推教师在幼儿园一日活动各环节关注幼儿，观察、倾听、了解幼儿的真实需求，从理念到行为的知行合一，我们开展了本次教研活动。通过深入贯彻《指南》和《评估指南》精神，帮助教师有效地聚焦观察，真正认识到观察在一日生活中的重要性，努力做到从看见幼儿到看懂幼儿，进而促进教师在师幼互动过程中，对幼儿的需要和感兴趣事物进行价值判断并不断给予支持，促使幼儿更加有效地自主学习与发展，促进教师专业发展，全面提升幼儿园保教质量。

二、教研目标

1.加强政策领会，加深教师对幼儿园一日生活方方面面都要"观察"的深入理解，提升科学的教育理念。

2.分析案例解读，全面了解幼儿园观察的意义及游戏观察的基本思路，促进教师专业发展，加强师幼有效互动。

三、教研形式

1. 政策研读：通过学习政策文件精神，交流对观察的看法，促进教师进一步理解幼儿园"观察"的重要性，提升观察意识。

2. 分组研讨：借助生活、游戏的不同案例，全面了解观察的实践意义；以现场游戏视频案例进行小组研讨，集思广益，促进教师在多种观察角度下看到游戏行为背后的幼儿。

3. 实操演练：观摩现场，拍摄游戏视频，筛选本次共话教研的优质视频，针对视频分组进行白描，小组教师分享游戏观察中的"看到"和"看见"。

四、教研准备

教研流程告示单、电脑设备、案例素材、政策文件。

五、教研过程

（一）"说"你眼中的观察

（调动经验，拓宽不同教师的认知层面）

1. 个别互动：什么是观察？

观：即观看，以视觉为主，融合其他感觉为一体的综合感知。

察：觉察、思考，包含着积极的思维活动。

观察合在一起，就是综合感知并积极思考的过程。

2. 小组交流：为什么要观察？

观察有助于教师了解幼儿的行为变化和发展水平。

观察有助于教师准确地读懂幼儿的发展需要。

观察有助于教师优化课程设计与生发。

观察有助于教师有效地促成幼儿的能力发展。

观察有助于教师自身专业发展。

观察有助于教师进行有效的家园沟通。

3.集体学习：明确观察的概念和意义。

（二）"悟"政策中的观察

（理论巩固，明晰政策中的观察概念）

1.小组探讨：针对政策文件，说说你是怎么理解"观察"的。

2.分组交流解读政策中的观察，进一步明晰政策文件中的观察精神，了解幼儿园观察的含义。

3.梳理小结：结合政策中的观察，幼儿园的观察是什么？

①是在自然情境下进行的。

②是一项有目的、有计划的教育研究。

③是收集、分析和解读客观信息的有效手段。

（三）"探"故事中的观察

（案例分析，理解幼儿园观察的深远意义）

1.积木区的故事

（1）案例描述：在积木区，依依和昊昊进行搭建游戏。二人各顾各的搭建车模型，依依总是搭不好底座，她重新搭建了好几次，都失败了。依依坐在地上，左看看右看看，她看到前面的昊昊用的是短圆柱做的车轮，于是她也使用短圆柱，但还是失败了。她请求昊昊帮忙，但昊昊没有说话，依依反复请求，并给昊昊递材料，昊昊开始帮助她。大约用了一分钟，昊昊就把小车底座搭好了。依依仔细看着，想要研究出个所以然来。后来依依模仿昊昊的方法重新搭建，一下子就成功了。接着开始搭建车身，车子搭建好后，她还装饰起小车来。

（2）个别互动：案例中你学习到了什么？

（3）梳理小结。

①仔细观察要点：案例中幼儿的社会交往、分享及同伴合作行为。

②不仅要看还要听：幼儿与材料互动、同伴互动、交往合作、语言交流等。

③关注幼儿经验水平的发展：如匹配、大小、尺寸、重量、空间

关系等。

2.小班进餐的故事

（1）案例描述：于老师在小班幼儿初入学时，利用每日家长接送孩子的时间与家长们沟通，基本了解了班上幼儿的情况。明明的家长向老师反映，明明在家很挑食，也不愿意自己吃饭，必须要大人喂饭才可以，家长对此表示非常担忧，希望老师能提供帮助。新入园小班幼儿正处于入园适应期，进餐、如厕、睡眠等生活习惯都需要重新调整适应幼儿园生活。于老师结合自己的经验和家长反映的情况，决定对明明的进餐情况进行观察。这天，午餐吃的是绿豆芽和面筋塞肉，大部分幼儿都在安静地独立进餐，而明明则一直含着小勺不吃饭。于老师蹲下来问他："明明，怎么不吃饭呢？"明明看着于老师说："要吃。"过了一会儿，于老师再去看他时，发现他吃饭每次都是舀几粒米，时不时还用小勺在菜碗里翻来翻去，绿豆芽被拨到了一边。他去吃肉圆，试了几次吃不到，于老师帮他把肉圆用小勺捣碎，看着他成功舀了一块碎肉圆放进嘴里后才离开。过了一会儿，于老师巡逻回来，其他小朋友都进餐结束了，只有明明还在吃。他的饭已经吃完了，可是菜几乎没动。

（2）小组交流：案例中，于老师是怎样观察的？观察到了什么？你如何解读明明的行为？

（3）梳理小结。

①要有计划、有目标地进行观察。

②观察应渗透在幼儿园一日生活中的各个环节。

（四）"思"游戏中的观察

（头脑风暴，捋清观察的基本思路）

1.把教师分成五组，通过抽签选取游戏视频。

2.各组推选出代表分享游戏视频。

3.集体互动：借助《指南》《评估指南》评价视频中幼儿的游戏行为，并分析看见了幼儿什么样的学习与发展。

4.各小组将看到的幼儿的学习行为用表格或导图的形式进行记录并分享。

5.梳理得出游戏观察基本思路，形成文档留存。

游戏观察基本思路

观察目的	1.能够真正了解幼儿、读懂幼儿。 2.了解幼儿的游戏发展水平。 3.发现幼儿的兴趣。 4.关注到幼儿的个体差异。 5.适宜的游戏材料。 6.确保幼儿安全。
观察对象	1.有新的不同玩法的幼儿。 2.尝试解决问题的幼儿。 3.遇到危险的幼儿。 4.特殊情况的幼儿，如没有参与游戏的幼儿、不参与同伴互动的幼儿、发生冲突的幼儿、不自信的幼儿。 5.懂得合作、组织能力强的幼儿。 6.专注度高、能够持续游戏的幼儿。
观察内容	1.与材料、环境的互动，如材料的选择与运用、材料的一物多玩。 2.幼儿之间的互动，如合作交往、情绪情感、语言交流。 3.观察幼儿的发展，如领域发展的均衡、解决问题的能力、个性的发展、学习品质的发展。
观察一致性	1.与游戏区匹配的游戏名称。 2.与游戏名称匹配的游戏故事。 3.与游戏故事匹配的白描记录。 4.与白描记录匹配的分解解读。 5.与分析解读匹配的幼儿学习发展。 6.与幼儿学习发展匹配的下一步支持策略。

小结：看到外显行为相对容易，看见行为背后的幼儿并不容易，通过研讨使教师充分认识到：观察是需要专业能力的，如确定观察目标的能力、运用观察方法的能力、筛选有价值信息进行观察记录的能力以及分析评价的能力。而观察的真正目的，并不是让我们去发现让人眼前一亮的事情，不是让我们守株待兔式地去等待所谓真正有价值有意义的精彩时刻的到来。观察的真正目的，是要求教师主动地在幼儿日常行为中找到能够读懂幼儿思维的细节，找到解读幼儿心里秘密的钥匙，找到支持、帮助、指导幼儿学习与发展的依据。幼儿园一日生活皆课程，幼儿教师要通过观察充分了解幼儿的行为变化和发展水平，准确地读懂幼儿的发展需要，不断优化课程设计进行课程生发，有效地促进幼儿的学习与发展。这既体现了教师自身专业的发展，也有助于教师进行有效的家园沟通，促进家园进一步合作。

六、教研实践

（一）理念引领，理论筑基，增强教师观察意识

1. 深化阅读

为了提高教师的观察意识，我们组织大家共读《放手游戏，发现儿童》这本书。采用"分阶自主阅读—经典摘抄—感悟交流—实践反思"的方式，全面提高教师对游戏精神及观察内涵的领悟，学会放手，让幼儿在自由、自主、自发的游戏中成长，持续加强教师的自主观察意识。

2. 专家指导

邀请专家定期开展系列研训活动，使教师更加清晰、深刻地理解观察的主要路径和记录方法，学习解读幼儿行为的策略和观察后的跟进方法，然后组织大家通过研讨交流，升华经验，从而在实践中能够进一步认识到观察与园所课程及幼儿园一日生活之间的紧密联系。

3. 调查引领

通过一段时间的学习，对教师的认知经验进行跟踪调查，并深入

了解不同教师在观察方面的专业发展需求，分层研训引领，并以日常实践中的问题为导向，扎实开展体验式教研活动。

（二）搭建平台，实战操练，优化教师观察实践

1. 每日"133"式观察

在自主游戏时，班级教师分工合作，主班教师负责扫视全面，确保幼儿安全。两个配班教师轮流观察1个或1组幼儿的游戏情况，连续拍摄3段各3分钟的游戏视频，并上传至"级部钉钉群文件夹"。这种方式不仅可以提升教师的自主观察意识，还可以帮助他们养成随时观察的好习惯。通过观察，教师可以更深入地了解幼儿在游戏中的表现和发展情况，为个性化指导提供支持。

2. 每周1次集体交流

鉴于班级众多，我们采取班级申报、级部推优、园级分享交流的形式，观看"133"视频，分享"我发现的儿童"。借助不同的游戏故事"现场"，分享者进行口头白描，参与者进行互评优化。加强教师对不同观察角度的把握，以及对"白描记录"的深入理解。记录方式也从整段式"流水账"转变为按"时间、游戏、问题"等线索分层次记录，为后期撰写游戏观察记录奠定了基础。

3. 每月2次定区演练

我们成立游戏先锋小组，采取"自主+评优"双向申报筛选模式，鼓励游戏观察解读能力较强的骨干教师先行，每月进行2次定区观察实战模拟演练，现场观察同班级同区域40分钟，其间拍摄游戏视频、照片作为素材，后期制作游戏课例PPT进行园级分享。这种形式好比"同课异构"，教师可以相互学习，如怎样捕捉幼儿在游戏中的关键瞬间、如何解读幼儿的行为和思维、如何根据观察结果来优化课程设计等，不断丰富自己的经验，从而更好地支持幼儿的学习与发展。

4. 每季申报1次成果

教师每月要撰写1篇游戏观察记录，每季度申报并分享1篇优质观察案例，通过年级组交流评优和园级优质案例分享交流，以评促

教，不断提升教师的观察解读能力，不断推动游戏课程的开展。

通过一段时间的实践，教师的观察能力得到了大幅提升。他们从简单地记录游戏流水账发展到能够分层递进地观察解读游戏，从套用观察解读套路到真正发现并读懂儿童，从静观其变到积极支持幼儿的学习发展，教师的游戏观察解读能力、反思能力得到了显著提高。我们将继续总结经验，探讨如何进一步提高观察的有效性和针对性。通过不断地反思与改进，完善观察体系，推动幼儿园教育质量的持续提升。

山东省威海市环翠区望岛幼儿园　于泉

教研活动方案10：
一对一倾听，读懂儿童

一、教研背景

《评估指南》是我国学前教育领域的一个重要文件，对于推动幼儿园保育教育质量的全面提升有着重要意义。《评估指南》中指出：幼儿通过绘画、讲述等方式对自己经历过的游戏、阅读图画书、观察等活动进行表达表征，教师能一对一倾听并真实记录幼儿的想法和体验。幼儿园教育要追求质量的提升，绝不仅仅局限于儿童的快乐成长，而是更深层次地关注并致力于促进幼儿身心和谐发展。通过倾听儿童，可以了解儿童的真实想法与需求，便于从理念到行为的知行合一。为了帮助教师有效地聚焦一对一倾听，真正认识到一对一倾听在幼儿学习生活中的重要性，能够与幼儿对话，促使幼儿更积极有效地主动学习，我们开展了本次教研活动，在促进教师专业化发展的同时，全面推进幼儿园保教质量的提升。

二、教研目标

1.全面了解幼儿园活动中教师"一对一倾听"的真正意义。

2.加深教师对幼儿游戏后的关注，知道"一对一倾听"是走进儿童世界的有效支持策略。

3.分析解读儿童的心理，用专业科学的教育理念，发展和提升教师专业素养，促进师幼互动更和谐地发展。

三、教研形式

自由交流、分组研讨、案例展示。

四、教研准备

活动流程图、案例素材、白板设备、纸笔。

五、教研过程

（一）交流讨论，认同"一对一倾听"的价值

主持人：什么是"一对一倾听"？倾听以听觉为主，提问为辅（要根据每个儿童的发展需要来看，是否需要教师的提问互动），融合其他感官为一体的综合感知。幼儿园"一对一倾听"是指教师与每个幼儿进行单独的交流，倾听他们的想法、感受和需求，并及时记录的行为，这种交流方式对于幼儿的发展具有重要的意义和价值。现在请大家讨论，为什么教师要"一对一倾听"幼儿？

郭老师："一对一倾听"可以让教师精准地解读儿童的发展和需要，促进师幼之间情感的发展。教师可以更好地了解幼儿的情感需求，帮助他们认识和表达自己的情感，促进他们的情感发展。

盛老师："一对一倾听"有助于教师有效地促成幼儿在各领域的发展。

王老师：在"一对一倾听"中，幼儿有更多的机会表达自己的想法和感受，这有助于提高他们的语言表达能力，促进思维发展。教师可以通过提问、引导和反馈总结，帮助幼儿丰富词汇、提高语言组织能力，促进逻辑思维发展。

李老师：幼儿在幼儿园可能会遇到各种问题和困惑，"一对一倾听"为他们提供了一个安全的环境，让他们能够表达自己的问题并寻求帮助。教师可以及时了解幼儿的困难，给予适当的支持和指导。"一对一倾听"有助于教师理解儿童需求，并及时有效地与家长沟通。

陈老师："一对一倾听"有助于教师自身专业能力的发展，教师可以更好地理解儿童发展的年龄特征并对其做出更准确的发展分析。

王老师："一对一倾听"有助于优化班级环境与游戏材料的提供。通过倾听儿童的想法，会让老师意识到班级环境与材料对儿童支持的重要性，从而对其作出优化与选择，支持儿童的想法与需求。

（二）抛出问题，直面困难

主持人：大家都很认同"一对一倾听"的价值，但在实践中会发现，班级幼儿人数较多，而一对一倾听需要教师一个个点对点地对幼儿进行倾听，这时就会出现两个问题：一是许多幼儿游戏后绘画表征都来找老师进行记录，老师忙不过来。二是一对一倾听记录之时，剩下的幼儿要怎么办？会不会忽略了其他大部分幼儿。针对这两个问题，应该如何来解决呢？请大家积极分享、发言。

王老师：当幼儿表征后都来找老师记录的时候，老师有时候会忙不过来，这个问题我们也遇到过，首先我会请第一个到我身边来的幼儿坐下来准备记录，其他幼儿陆续过来的时候我会及时请他们在旁边空位置上坐下，可以和小伙伴一起分享自己的绘画表征，也可以先去选一些桌面玩具玩一会儿，或者看看绘本，减少等待的时间。

陈老师：可以使用一些电子设备如录音笔或者微信小程序的"表征记录"等，直接录下幼儿的语言描述，这样就可以快速地记录下幼儿游戏后的绘画表征。

郭老师：在生活老师不忙的时候，可以让其参与进来，帮助记录或者看护其他正在游戏的幼儿。

张老师：在下午幼儿离园的时候，可以请幼儿把没有记录的表征带回家，请爸爸妈妈给幼儿做一个记录，这样家长也可以更好地了解幼儿在园的活动内容以及他表征出来的今天在幼儿园最感兴趣的事情。

马老师：张老师说的最后一点我觉得很好，这样互相的交流也让我们的家园互动更加密切，促进了家园之间的交流与合作。

(三)案例研讨,提升专业能力

案例描述:大班的曦曦在一个雨天到绘本馆活动的时候,有了一些有趣的发现,她和小伙伴们一起讨论在玻璃上可以呵出雾气,她还在呵出的雾气上面用手指写下当时的气温。这样的随机记录,使教师不仅看到了曦曦的前书写能力的发展,也及时捕捉到了幼儿的兴趣与当下的游戏水平。游戏结束后,曦曦通过绘画这样表征:今天我去图书馆看书,外面下雨了,我从玻璃窗往外看,突然发现我呵出来的气变成了雾气,我用手一摸,它就会消失。我还可以在雾气上面画画,画出了0℃到1℃,然后我又画出了我的学号。过了一会儿,刚刚写好的温度消失了,我想了想,有些地方也会出现这样的情况,比如眼镜上、妈妈汽车的玻璃上。

研讨:案例中你觉得对儿童"一对一倾听"重要吗?为什么?在倾听中你会发现儿童会有更多的思考与行为吗?

闫老师:"一对一倾听"很重要,通过这样的倾听能够更加了解幼儿的真实感受,了解他们真正的需求。

张老师:"一对一倾听"可以让幼儿更自信,还有助于提升幼儿的表达能力。

蒋老师:"一对一倾听"有助于教师了解幼儿的行为变化和发展水平,帮助教师与幼儿建立起互相信任的关系。幼儿感受到教师的关注和尊重,愿意与教师分享自己的想法和感受,从而增强了幼儿与教师之间的亲密感。

夏老师:通过"一对一倾听",可以关注到儿童的个体差异。每个幼儿都是独特的,他们有不同的兴趣、需求和发展水平。"一对一倾听"使教师能够关注到每个幼儿的个体差异,根据他们的特点和需求提供相应的支持和指导。

方老师:透过幼儿的表征,可以看到幼儿对发生过的事情通过回顾形成自己的已知经验,还会有更多的思考,便于教师引导幼儿做出更多的、可持续的探索行为。

(四)实操练习,形成可行性策略

把教师分成五组,通过观察幼儿的绘画表征讲一讲自己的理解。

梳理"一对一倾听"的方法:①有计划、有目标地进行一对一倾听。②倾听中发现的幼儿行为与想法,要如实记录。③关注游戏中幼儿与材料、同伴之间的互动,在语言表述、社会交往、合作交流等方面的发展。④关注幼儿在游戏经验水平发展的基础上,衍射出的更深层次的思考与学习。

小结:"一对一倾听"的真正目的,是要教师在幼儿日常活动后能够根据幼儿的意愿帮助其记录自己的所思所想,在记录中助推儿童的思维发展迈向新台阶。能够读懂幼儿、理解儿童思维的细节,找到解读其心理秘密的钥匙,支持和帮助幼儿达到学习与发展的新高度。一日生活皆课程,教师通过一对一倾听可以充分了解幼儿的行为变化和心理发展水平,准确地读懂幼儿的需要,从而有效地促成儿童的学习与发展。这既能有助于教师自身专业能力的成长,也让幼儿的学习发展得到进一步的关注。

六、教研实践

(一)理念引领,专业化解读

理论引领实践,我们不断提供学习理论的机会,帮助教师深刻认识到倾听不仅是耳朵在工作,更是心灵与情感的交流。通过一对一倾听,教师能够更准确地把握幼儿的需求、兴趣、困惑及情感状态,为个性化教学提供依据。同时也让教师明白,要学会放手,让幼儿在自由、自主、愉悦、创造的游戏环境中成长,持续加强教师自主的一对一倾听意识。在观察与记录的时候需要细致观察儿童在倾听过程中的非言语行为(如面部表情、肢体语言等),这些也往往能体现儿童的真实情感,是与教师面对面相处的态度的一种最直接的反映,教师专业解读后也需要做好对应的调整。可以使用专业的观察记录工具,如学习故事、发展检核表等,系统地记录儿童的表达、思考过程以及成长变化。

(二) 实践反思，掌握倾听技巧

教师有效的倾听需要一定的技巧，如保持眼神交流、适时给予反馈、避免打断儿童的描述等。在观察与表征记录中不止是绘画表征记录，还可以使用专业的观察记录工具，如"记录表征"小程序、发展报告册等，可以系统地记录儿童成长中的语言表达、思考过程等变化。在分析中定期整理幼儿的倾听记录，充分考虑儿童的年龄、兴趣、能力和需求，与班级教师进行讨论，识别儿童的兴趣点、发展需求和潜在的挑战能力，为幼儿制订适宜的个性化发展计划。

教师也要注意每日有序分工，减少"一对一倾听"实践对教师的压力。如在自主游戏时，班级教师分工合作，当班教师负责"一对一倾听"记录，可坐到绘画表征的幼儿身边，随时给有需要的儿童进行记录，配班老师（或生活老师）负责巡视班级里的儿童，确保幼儿安全。教师之间也可以轮流"一对一倾听"记录，这种方式不仅可以提升教师的自主意识，还可以帮助幼儿养成乐于倾听和表达的好习惯。记录的形式不局限于文字，也可以尝试使用录音笔、视频等方式进行记录。

江苏省宿迁市第一实验小学幼儿园　程春平

教研活动方案11：
倾听幼儿，助推成长

一、教研背景

《评估指南》中关键指标"师幼互动"第28条提出，应"重视幼儿通过绘画、讲述等方式对自己经历过的游戏、阅读图画书、观察等活动进行表达表征，教师能一对一倾听并真实记录幼儿的想法和体验"。可见，要想真正实现儿童本位的"一对一倾听"，教师就必须把握住"师幼互动"的前提，坚持践行"一对一"的策略，坚持对"透过现象看本质"的解读。为助推教师在一日活动中学会倾听幼儿，关注和了解幼儿成长的真正需求，我们开展了"倾听幼儿，助推成长"的专题教研活动。通过解读政策、聚焦问题、案例分析等，帮助教师完成从看见幼儿到读懂幼儿、从倾听幼儿到支持幼儿的转变，在助推幼儿成长的同时，更精进教师的专业知识，全面推进保教工作质量的提升。

二、教研目标

1. 加强政策解读及理论学习，帮助教师加深对"一对一倾听"的理解，建立科学的教育理念。

2. 聚焦问题，给予支持，通过多种形式跟踪、反馈教师的倾听现状，发现问题，解决问题，助力教师专业发展，关注与支持幼儿发展，提高师幼互动的有效性。

三、教研形式

1.政策解读，厘清内涵。从理论上把握"一对一倾听"的内涵与价值，清晰"一对一倾听"为何、何为、如何为的关系。

2.分组讨论，聚焦问题。从教师实际工作出发，了解教师在一线工作中出现的问题与疑惑，通过研讨、交流提出对策，引领下一步工作。

3.实地演练，跟踪反馈。观摩现场，跟踪教师的"一对一倾听"实景，持续跟踪教师后续观察与支持策略。

四、教研准备

政策文件、教研问题清单、电脑设备、案例素材。

五、教研过程

（一）追本溯源，发现问题

集体交流，了解教师真实想法。

主持人：教师在一日活动中对幼儿的观察与倾听存在各种问题，学习了《评估指南》后也提出了很多困惑，今天我们就借助本次教研活动来集中解决一下问题，请大家畅所欲言。

王老师：我想知道"一对一倾听"的目的和意义是什么？

李老师：幼儿在什么时间段表征？表征什么？

陈老师：关于幼儿表征，小班幼儿由于年龄小应该怎么表征？

王老师：我想知道小班、中班、大班幼儿的表征形式都有哪些？

辛老师：班级幼儿人数多，怎么样才能做到倾听每一位幼儿？

魏老师：倾听记录后教师可以做些什么？如何才能兼顾全体幼儿和个别幼儿？

小结：经过集体交流，教师们提出了真实存在的共性问题，为下一环节的理论学习指明了方向。

（二）加强学习，厘清关系

1.集体学习：解决"一对一倾听"的为何？

组织教师学习《评估指南》，对评估指标和关键词进行解读，在解读中，使教师从理论上把握"一对一倾听"的内涵，即教师在尊重儿童主体性、了解儿童多样性的基础上，对幼儿一日活动中的语言、图画、情境等进行专心、耐心、沉浸式的倾听，并给予幼儿积极、专业的反馈，从而了解、读懂每一位幼儿，实现促进幼儿全面发展的目的。

2.分组讨论：解决"一对一倾听"的何为？如何为？

主持人：再次学习了《评估指南》，大家觉得哪些表征方式、手段适合幼儿？大家对"一对一倾听"的内涵是否有进一步理解？请大家结合上一环节的问题分组进行讨论，等会儿请各组代表来做分享。

王老师：用什么来进行记录？为了更好地进行倾听记录，推荐使用统一的倾听本，这样便于幼儿记录与教师跟踪反馈，也不会丢失。

陈老师：何时进行记录？中、大班幼儿因每天上午是分班游戏时间，时间较为仓促，所以在下午起床后会有空余时间，幼儿可以在教师前期的回顾与引导下进行图画表征，后进行倾听记录；而小班幼儿上午是室内活动，所以在区域游戏后即可进行表征记录。

游老师：小、中、大班幼儿可以有哪些表征方式？表征方式可以根据不同年龄段幼儿的特点来进行，如由于小班幼儿的绘画水平不一，视频、照片、语言、肢体动作等可以作为表征方式，而不是仅仅局限于图画表征；中、大班幼儿的绘画水平逐渐提高，可以推荐图画表征，同时对于能力相对薄弱的幼儿，可以采取视频、照片、录音等方式。

李老师：班级幼儿较多，没有办法实现每天"一对一倾听"怎么办？根据班级的实际人数，一对一倾听并不要求每天都将全班幼儿进行倾听记录，这在实际操作层面也是难以实现的。教师可以将幼儿进行分组，确保每周每位幼儿至少倾听一次，如有幼儿还想跟教师分享，教师可酌情进行倾听记录。

王老师："一对一倾听"的目的和意义是什么？有助于增进师幼关系；有助于促进幼儿主动沟通的能力和提高语言表达能力；有助于支持教师对幼儿进行个别化教育指导，促进其全面发展；有助于为幼儿提供情感支持；有助于帮助教师发现幼儿成长中可能存在的问题；有助于促进幼儿自我意识的发展。

（三）解读案例，总结经验

1.蚯蚓的故事

案例描述：一个雨后初霁的清晨，参与晨间锻炼的幼儿们被一条小蚯蚓吸引住了目光，他们把蚯蚓团团围住，议论纷纷，其间发生了很多有趣的事情。观察结束后，果果通过图画表征这样记录：我今天在楼下发现了一条蚯蚓，它有这么长一段，所以小朋友都被吸引了过去，围成了一个圆圈。

教师分析：在果果的图画表征中，记录下了一些很有意思的细节，例如蚯蚓的长短，虽然无法具体感知到底是多长，但反映了幼儿对于物体长度的一个粗略感知。还有一个很有趣的细节，她通过画一个圆圈，表示"小朋友们围成了一个圆圈"，又在圆圈的旁边画上了"东倒西歪"的小朋友进行补充说明，反映了她对于空间中人物位置关系的理解。

小组互动：倾听幼儿的目的是为了更好地支持幼儿，案例中你觉得教师该如何支持幼儿获得持续的学习与发展的动力。

魏老师：可以依据蚯蚓的长短、人物空间方位等要点开展教学活动。

温老师：可以根据幼儿对蚯蚓的兴趣，开展相关科学教育活动，让幼儿了解蚯蚓的生理特征。

王老师：可以在阅读区投放关于蚯蚓的绘本，引导幼儿继续探究学习。

2. "倒塌"的天安门

案例描述：分班游戏时间，陶陶和米多在搭建北京天安门，米多拿了一块8倍积木放在搭到一半的"建筑"上面，陶陶紧紧盯着米多的手，说："你慢一点，轻轻放上去。"随着米多的手松开，"砰"的一声，积木全都倒掉了。游戏结束后，陶陶通过图画表征这样说：我和米多搭了天安门，我们先看了说明书，然后开始用"砖头"搭建。首先搭了一个门，我们发现不太稳，就搭了双层。我们搭了三遍，把8倍积木块放在上面就稳了。然后我们用小人做了装饰。我们很喜欢自己搭建的天安门，但是最后还是倒塌了，很伤心。

小组研讨：你从案例中发现了什么？你会怎么支持幼儿？

陈老师：确定跟踪要点，有目的、有计划地制定下一步支持策略。

李老师：支持策略应适宜于解决问题本身。案例中幼儿建构技能有所提升，但是主要问题出现在建筑的倒塌，说明幼儿在建构过程中还未完全掌握关键要点。所以教师在倾听后，要有重点地进行引导，帮助幼儿解决问题。如可以借助《建筑稳定手册》，让幼儿将自己的方案记录在第一页，邀请更多的小朋友进行尝试，记录下自己的"好办法"，通过这样的方式，激励幼儿深度学习，不断积累经验。

申老师：可为幼儿提供相关绘本，丰富幼儿对于建筑结构、造型的了解和认知，为幼儿自主解决问题提供支持。

（四）且研且思，共话经验

头脑风暴，年级分组研讨，捋清"一对一倾听"的思路。

年级组教师围绕话题畅所欲言。

李老师：我们要关注、思考儿童表征的内在价值，从幼儿个性化的表征中分析他们的需求、特长等，提升"听见儿童""听懂儿童""支持儿童"的能力，提升幼儿园保育教育质量。

韩老师：可以运用"共学共享法"，鼓励班级教师总结并分享自己做法背后的理念是什么，延续"一对一倾听"的实施方式，尝试捕捉分享中有价值的信息，形成"幼儿个人档案"，以便在后期提供更多的时间、空间、材料引导幼儿深入探究。

丘老师：教师应通过倾听解读儿童的内心，帮助他们明确下一步探究学习的行动方向。

刘老师：教师要从记录中去寻找、发现有价值的教育信息，审视自己的教育策略，并针对每一位幼儿的发展水平、能力、经验、学习方式等给予适宜的支持。

六、教研实践

(一) 理念引领，提升教师教育理念

1. 书籍学习

为了提高教师"一对一倾听"的能力，我们组织大家共读相关专业书籍，让教师明白通过观察与倾听，才能理解幼儿思维、读懂幼儿行为，从而更好地支持幼儿的发展。

2. 专家引领

邀请专家来园指导，从理论出发，结合具体案例，分析幼儿行为背后的原因，提出教师支持策略等；通过教师实例，现场解读与剖析，升华经验，让教师认识到"一对一倾听"的目的——支持幼儿的发展。

(二) 互动平台，助推教师专业技能

1. 每日"351"式观察与倾听

在班级的一日活动中，每天3名教师参与倾听环节，也就是班级两位教师与保育员共同倾听幼儿；每天倾听5名幼儿；每名幼儿每周至少被倾听1次。通过"351"的方式，提升班级三位教师的凝聚力，同时提高班级整体的保教水平。

2. 每周1次年级教研

年级不同，教研主题、内容也不尽相同。每周1次年级教研，采取班级递交问题、年级组调研、园级参与的方式。教研中，年级教师畅所欲言，对班级中幼儿表征环节、幼儿游戏、师幼互动等多项内容

进行阐述，最主要的目的就是沟通交流本年级各班级做法，优化本班级工作。

3.每月1次平台发布

每月进行一次专题宣传，其目的在于激励教师们持续观察幼儿、支持幼儿发展。在平台上发布的案例需要呈现长期以来教师对幼儿的倾听与支持，反映出幼儿的成长变化及教师的教育智慧，以供大家相互学习。

4.每学期1次汇报交流

教师每月每人需撰写1篇个别化教育指导案例，每学期针对自己的观察进行一次分享，通过分享开展现场评选，以评促教，不断提升教师观察与倾听幼儿的水平，提高保教质量，助力每位幼儿的可持续发展。

扬州大学附属西郡幼儿园　缪惠

教研活动方案12：
有力的师幼互动实践策略

一、教研背景

为进一步推进课程游戏项目实施，贯彻《纲要》《指南》和《评估指南》精神，深入研究教育资源运用与儿童发展之间的关系与途径，探讨幼儿生活中蕴含的有力互动，让教师了解有力互动、深研有力互动，我们开展了本次教研活动，以提高教师有效运用课程资源的意识，助力教师思维的拓展，为支持幼儿的有意义学习保驾护航。

二、教研目标

1.通过互动、思考，理解"有力的师幼互动促幼儿有意义地学习"内涵和其在幼儿园一日生活中的具象表现。

2.利用课程故事，分组研讨、解读梳理"与幼儿建立联系""拓展幼儿的学习经验"的策略。

三、教研形式

自由发言、集体研讨、接龙分享。

四、教研准备

1."师幼互动"片段、纸笔。

2.两篇课程故事文本。

五、教研过程

（一）共话"有力的师幼互动"内涵

1.初探师幼互动or有力的师幼互动

呈现"师幼互动"片段，请教师分享对其的解读，判断哪些片段是"师幼互动"，哪些是"有力的师幼互动"。

课件呈现三个对"师幼互动"行为片段的描述，请现场教师思考片段中教师的行为和幼儿的获得，判断"无效的师幼互动"或"有力的师幼互动"，并简单分享自己的见解，在此过程中初步感受"有力的师幼互动"。

片段一：老师在忙其他的事情，简单生硬地驳回了朵朵提出的关于虫子的问题，并说："稍等一会儿！"从她们的快速交流中，朵朵明白了自己对虫子的兴趣是不重要的，这样当她再次提问时就可能变得犹豫不决。此后，在区域活动时间，朵朵安静地坐在自己的位置上，而没有选择她最喜欢的区域——科学区。（无效的师幼互动）

片段二：欣欣刚刚用一些蓝色大熊和橙色小熊拼了一幅图画，坐在她旁边的老师问："图画中的熊是什么颜色的？"欣欣微笑着回答说是蓝色和红色的。老师用不同的方式向她提问，试图引导她说出橙色。结果，图画带给欣欣的兴奋劲儿慢慢退去，她的笑容消失了，最后她起身把椅子从桌子旁推开，走了。（无效的师幼互动）

片段三：3岁的睿睿坐在沙发上，老师坐在他的旁边倾听睿睿描述他画的消防车，并把他的描述写在这幅画最下面的空白处。睿睿从老师那里知道，他说的话能够被写下来，他的想法很宝贵，值得被记录下来。（有力的师幼互动）

2.共话"有力的师幼互动"

现场请教师用一句话或关键词表达自己理解的"有力的师幼互动"的内涵。

华老师：幼儿和教师互动是有力的、有意义的。

刘老师：有力的互动能够让教师和幼儿一起欢笑、一起快乐。

顾老师：让幼儿在互动中获得学习，获得经验。

马老师：能够让幼儿在快乐中获得发展。

……

教师分享后，提炼、梳理、明晰"有力的师幼互动"的内涵。

小结："有力的师幼互动"是指由教师发起的与幼儿进行的有意的、有目的性的沟通交流，这种互动以拓展幼儿的学习经验为目标。

3.明晰有力的师幼互动策略

教研组长从教师们的分享中捕捉有力的师幼互动策略：到场—与幼儿建立联系—拓展幼儿的学习。

①"到场"是指身心一致地安静下来，意味着用片刻时间进行思考，做好与幼儿建立联系的准备。

②"与幼儿建立联系"是指幼儿在探索的过程中，根据幼儿的行为表现与幼儿的经验建立联系，判断幼儿的实际发展水平以及幼儿的意图。

③"拓展幼儿的学习"是指教师在与幼儿的互动中，根据幼儿的发展水平和兴趣，制定出合适的教学策略。

小结："有力的师幼互动"的三个关键步骤，"到场"是重要的第一步，而"与幼儿建立联系""拓展幼儿的学习"则是核心，也是本次教研活动的重要内容。

（二）梳理"与幼儿建立联系"的互动策略

1.课程故事分享"石榴记"

秋天，中三班的石榴树到了收获的季节。石榴树从春天发芽、开花，到夏天成长、结果，再到秋天的丰收，班级里的幼儿和石榴树相互陪伴。在"石榴，有多少？""试一试，谁的办法好？""摘石榴""数一数，究竟有几个？"的系列活动中，教师注意与幼儿的经验建立联系，幼儿在操作、探索中积极调取自己已有的经验来解决实际问题，遇到问题一遍遍想办法，然后通过实践检验，他们彼此分享想法,不断温故知新,不断成长。

2.寻找、表达课程故事中"与幼儿建立联系"的互动策略

策略1:慢下来,关注幼儿,就是关注当下周围的环境和幼儿探究的状态。

策略2:持续了解幼儿,相信幼儿是不断地成长、变化的,时刻保持开放的心态去观察和欣赏每一名幼儿。

策略3:进阶式地支持、引导幼儿的行为,就是给幼儿以期待,以积极的方式引导幼儿的行为。

3.教师集体研讨,谈一谈自己对"与幼儿建立联系"的想法

顾老师:我认为除了以上案例中捕捉的策略,还可以通过倾听幼儿捕捉幼儿的兴趣、问题,通过回应他们的声音来建立联系。

谷老师:我对刚才顾老师的表达感同身受,而且通过有爱地、持续地倾听,会让我们和小朋友们之间更加了解,更能加强彼此之间的信任感,在每日活动中才能更有力地发挥教育的作用。

周老师:我想结合最近的发现说一说,最近我比较关注我们班的慧慧,我发现当我静下来调整自己的言语和行为来适合她的性格、兴趣、长处和需求时,慧慧更加信任我了,不仅拉近了师生之间的联系,她也变得积极主动了,参加活动的专注时间也增加了。

小结:从大家结合实践经验的分享中,我们梳理了与幼儿建立联系的策略,可以通过"适合幼儿个性化特点的互动"与幼儿建立联系,也可以通过"倾听幼儿""尊重幼儿""持续加深信任"等策略与幼儿建立联系。

(三)讨论"拓展幼儿的学习"的互动策略

1.课程故事分享"芋"见藤欢

故事源于小二班教室门口的"一米农场",藤蔓交错、芋微露头。幼儿们看着绿色缠绕的藤蔓,发出疑问"山芋在哪儿?""它熟了吗?""是不是可以挖山芋啦!"……在大家的期盼中,我们的课程故事开始了,一个个精彩的片段记载着幼儿们的发现、欣喜与成长。当活动受

阻时，教师运用不同的互动策略推进他们持续学习，促使幼儿的探索欲和能力得以发展，获得更多成长的可能。

2.集思广益，分组讨论"拓展幼儿的学习"的互动策略

郭老师：我解读到了两个策略，故事中的教师在捕捉到凡凡疑惑山芋在哪里、挖不到山芋的问题时，并没有直接告诉幼儿答案，而是召开"挖山芋行动的紧急讨论"，让幼儿聚焦问题展开对话，最后引导幼儿把山芋想象成山芋宝宝，利用想象游戏与幼儿进行有力的互动，不仅调动了幼儿挖山芋的兴趣，也有效地推进了小朋友们挖山芋的活动进程。

谷老师：幼儿提出"藤太多，看不清泥土"时，教师采取提问的方式帮助幼儿回忆生活中拔草的经历，调取幼儿的已有经验为互动策略，成功地让幼儿的已有经验与新知识藤蔓产生链接，并借助对已有经验的迁移解决了问题。

……

小结：相信大家已经感受到有力的师幼互动融入我们的教育教学中，获得有意义的"教"和有意义的"学"的重要性。通过"到场—与幼儿建立联系—拓展幼儿的学习"来促进有力的师幼互动，在与幼儿的相处中可以放松下来，敞开心扉的同时也欣赏了幼儿的世界，从而积极、适宜地回应幼儿，并逐渐享受这个互动的过程。

六、教研实践

（一）扩大平等交流的机会

日常增加班级幼儿的交流机会，教师、儿童共同创设友谊"互联网"，师幼之间、同伴之间建立联系，于是我们创设"聊聊吧"栏目，鼓励幼儿大胆讲述自己的故事。有的幼儿在"聊聊吧"分享了自己的旅游经历，有的幼儿在这里分享了自己与好朋友的故事，还有幼儿在这里分享了自己学会的技能……在这里，幼儿互相学习、欣赏，同伴之间的互动更加自然、有力。

（二）建立有序的环境

幼儿园环境是幼儿学习的资源场，其中蕴含着独特的价值，如何让幼儿能够与环境产生互动，让环境"活"起来，与幼儿形成互动同构的关系，支持幼儿自主开展对话，共同解决问题，在环境中将新旧经验相连接，更进一步拓展幼儿的学习，我们做了深入的研究。"有序的环境"是幼儿与周边人、事、物互动同构的有力支持，幼儿具有明确的安全意识、积极地分享交流愿望、暗涌的探索欲望和好奇心，我们让幼儿在环境中通过与环境的互动学会自主管理，并在建立信任感的基础上拓展幼儿的学习。在此样态里，会减少师幼、同伴，以及环境之间的无意义互动，能够将兴趣和探索欲最大限度地释放，形成良性的互动。比如在观察大一班幼儿搭建户外立交桥的过程中，发现他们计划、分工、合作的能力很强，甚至还会根据搭建过程中的问题组织同伴一起商讨，教师充分做了"观察者"，幼儿在自由自主的游戏环境中积极探索，充分互动，不断成长。

江苏省无锡市新吴区梅荆花园幼儿园　储家悦

教研活动方案13：
倾听与观察让师幼互动更有力

一、教研背景

有位教育心理学者说过："如果教育者希望从一切方面去教育人，那么就必须从一切方面去了解人。"从这个意义上说，真正的教育必然是从心与心的对话开始的，而心与心的对话又是从真诚的倾听开始的。同时，随着课程游戏化的深入，教师关注的焦点从教材、上课转向幼儿的游戏，这就要求教师的观察方式进行转变，教师将在观察中找到专业成长的立足点和成就感，从而能更好地认识和理解儿童。

实际上，教师在观察游戏的过程中，常常会走马观花，缺少耐心细致地倾听和观察，因此，开展本次教研活动，旨在提升教师观念，让他们感受到倾听和观察在教育实践中的重要性，同时梳理出简单的支架，帮助教师在观察初期能有力量向上攀登，一旦教师掌握后，就拆除或不断优化。

二、教研目标

1.共读文章，明白"倾听"在幼教工作中的重要性。
2.通过游戏案例研讨，提高教师观察和解读能力。

三、教研形式

1.专业阅读：通过阅读专业文章，共享读后心得，转变教师观念，让全体教师意识到"倾听、观察"的重要性。

2.现场研讨：借助真实的游戏案例，回归现场，针对"观察—解读—支持"进行分享交流，梳理经验，形成支架。

四、教研准备

1.完整的游戏视频。
2.幼儿教育杂志。
3.纸、笔、展示架。

五、教研过程

（一）阅读分享

近期，每位教师都阅读了我们订阅的杂志，里面有一些是关于倾听幼儿、了解幼儿的文章，下面请大家畅所欲言，谈谈自己阅读后的思考与感悟。

邵老师：倾听是听懂、尊重、接纳与支持，而不是简单地听见和记录。在观察儿童、倾听儿童中能体会到"幼儿园教师是每天守着精神金矿而内心富足的人"，享受到来自职业的幸福、来自幼儿的美好与纯粹。

茅老师：幼儿与成人有差异，面对同一人、事物，幼儿可能存在着不同于成人的看法、感受、体验。教师必须了解这种差异，基于这种差异利用好这种差异开展教育活动。教师只有通过倾听，了解幼儿的发展现状与水平，发现幼儿的学习方式与个体差异，才能更好地进一步支持幼儿，促进幼儿的发展。

周老师：我在文中看到这样一句话："倾听本身就是有价值的。"当处于相对"弱者"地位的幼儿被倾听时，他们就有了存在感、价值感、归属感。我觉得被倾听也是幼儿的一种需求，因此我们班一直在坚持每日的签到、倾听。在这个过程中，我们倾听到了很多幼儿的内心需求，如我班泽泽小朋友，他平时的话很多，不分场合想讲就讲，课堂上也是这种状态。我们通过翻阅他的记录，看到好几次他记录

"爸爸在玩手机""我让爸爸陪我玩,他不愿意"……我们分析泽泽爸爸在平时应该不能给孩子足够的陪伴、倾听,造成了他想说而没有听众,所以在集体中想讲就讲。于是,针对泽泽的需求,我们在平时抽出更多的时间给他陪伴和交流,满足他讲述和被倾听的愿望,现在集体活动中他的插话现象明显少了。

(二) 实操练习

游戏是幼儿园的基本活动,基本活动既是基础活动,同时也是重要的活动。幼儿有着一颗好奇心、游戏心,他们有自动转化的机制,能将任何活动转化为具有游戏性的活动。幼儿园有着种类丰富的游戏区,幼儿们每天在不同的区域中围绕不同的游戏主题、创造着独特的游戏情境,那在看似平淡的每日游戏活动里,他们能学习什么,获得什么发展呢?让我们一起观摩大二班的建构区,静心观察游戏案例,在思维碰撞中各抒己见,在同频共振中有所收获。

集体观摩游戏视频,做好笔记。

提问:

(1) 在视频中,你看见了什么?好奇什么?(自由发言)

(2) 幼儿在游戏中有哪些学习和发展?(年级组讨论)

(3) 作为教师,我们可以如何支持?

朱老师:我在视频中看到了幼儿们的情绪非常稳定,当搭建的作品出现倒塌时他们并没有放弃,而是用"再试一试,我们这样搭"的商量口吻进行协商,一次次进行尝试,我看到了他们"坚持"的良好品质。

吴老师:在本次游戏视频中,我看见了幼儿们身上闪耀着美好的品质,当他们探索10个小圆柱从斜坡轨道上冲刺时,由于斜坡轨道不稳固,三个幼儿有的手扶着斜坡,有的收集积木,有的调整围栏,他们互相合作,共同进退;当斜坡轨道坍塌时,他们都想要修复轨道继续探索,每个人都提出了不同的观点,当同伴提出"斜坡卡在积木的缝隙里、竖起一块积木做挡板"的建议时,虽然一开始有质疑,但是三名幼儿在你一言我一语中很好地一步步调整和尝试，大家都能努力接受别人的观点与举措，表现出了较好的沟通与协商能力。

冯老师：通过游戏视频，我看到了幼儿们游戏过程中情绪稳定，在一次次尝试失败的过程中，幼儿没有放弃，而是耐心地解决问题，游戏兴趣高涨。同时持续性很强，不论是游戏时间的持久性，还是游戏体验层次的丰富性，都体现了幼儿们的坚持与专注。在学习与发展方面，我发现幼儿们在物体数量与作用力的关系上也有了自己的思考，例如在搭好斜坡先后用手扶住一个小圆柱，紧接着将小圆柱数量增加到10个，再一次性放手，小圆柱"轰"的一下爆发了无穷大的力。

（三）经验梳理

1.汇总"观察—解读—支持"要素

观察：观察时，最常做的也是比较容易观察到的是幼儿个体的语言、动作、神情，然后会观察这个幼儿与其他人的互动、交往，慢慢地，再从外显的行为看他具体的品质有哪些。幼儿的学习属于情境性学习，他们在不同活动中、不同情境下、不同任务上的学习和发展往往会呈现出不同的特点。接下来观察幼儿在具体情境中的变化，如游戏主题一开始是什么，随着游戏的推进，幼儿对游戏的兴趣有没有变化，过程中游戏材料、空间是如何使用的，有没有遇到困难，等等。

解读：抓住观察要素后，我们要对其一一进行解读。在解读的过程中，教师要保持警醒，对观察的现象是否尊重客观现实、是否带有自己的主观意图和个人倾向等，要回归真实的教育，对幼儿进行如实地分析、解读。

支持：在读懂幼儿的基础上，教师要根据幼儿的需求作出相应的支持，力求幼儿游戏向更高水平发展。除了这些，教师还要尊重、理解、接纳和包容幼儿，给他们提供安全、自由自主的游戏氛围，让他们自由探索、快乐发展。

"观察—解读—支持"要素

观察	解读		支持	
	幼儿	教师	即时支持	持续跟进支持
语言、动作、神情	动机、水平、问题、思维	反思：我听到的、看到的是真的吗？是否有个人主观倾向？	遇到困难，神情沮丧，想放弃正在操作的活动……	幼儿：有持续的兴趣、有探究的欲望，学习动机强烈；教师：利用对儿童发展有价值、有意义的活动。
人际互动	社会性发展		发生较严重的矛盾冲突，有安全隐患	
学习品质	兴趣、专注与毅力、持续时间与频度……		行为异常、信心不足、消极懈怠	
主题	情节变化		……	
空间、材料	创造性地使用材料		材料不足或者缺失	
表征	表征水平、内在想法、思维发展等		……	

2.汇总"观察—解读—支持"实操要点

在具体操作中，教师要学会自己与自己对话，通过自我提问，让活动一步步深入、有序开展。我们要把"观察—解读—支持"要素内化于心，把"观察—解读—支持"实操要点外化于行，内外结合进行观察、解读和支持。

"观察—解读—支持"实操要点

观察	解读	支持
我看到了什么？我听到了什么？我好奇什么？	可以看到幼儿的哪些学习和发展？幼儿可以从中获得什么经验？看到幼儿的	幼儿遇到问题了吗？什么问题？他们能够自己解决吗？需要我干预吗？如果需要，我应当怎样介入？采取什么

（续表）

观察	解读	支持
	哪些思维的发展？	样的方式方法？我的行动是否有效？是否适宜？

结束语：倾听和观察是每位教师工作中既基础又重要的技能，一名优秀的幼儿教师，也必定是一个优秀的倾听者与观察者。相信带着爱和真诚、带着耐心和包容，接下来在工作中，我们结合两张表，在观察和倾听中定能让幼儿敞开心扉，遇见不一样的精彩！

六、教研实践

（一）"自读、共读、领读"三结合，更新教师教育观念

1. 定期推荐文章

骨干教师工作室定期推荐文章，例如《幼儿园教育中的两种倾听》《倾听儿童，相伴成长——对幼儿学习与发展的有效观察和支持》《转向教师观察的背后》等，让教师了解背后的逻辑规律，从而自发地倾听和观察，提升教师内驱力。

2. 定期组织研讨

教师在阅读后，做好学习笔记，并积极利用两周一次的年级组研讨，或园区研讨活动进行交流分享，学以致用，把所学理论与实践进行结合。

3. 宝藏教师阅读引领

充分挖掘教师的宝藏才能，吸引一批热爱阅读的教师，以此为抓手，每月一次阅读分享会，带动更多的教师参与到阅读活动中，让书香溢满校园。

（二）"松绑、入格、跳出"三步走，提升教师观察解读能力

1. 松绑

想要提升教师的观察解读能力，让教师把更多的时间和精力放在

幼儿身上，管理层先要进行审视和反思，从给教师"减负"开始，这样教师才有自由的时间，才有思考的空间。因此园部减少不必要的资料收集和琐碎事务，让教师有更多的时间去反复观看自己拍摄的游戏视频、反复思考幼儿行为背后的学习和思维。只有松绑，才能让一切的发生变得有可能。

2. 入格

在观察游戏时，我们利用"观察—解读—支持"要素表和实操表，搭好专业观察的支架，让教师能有抓手地进行专业观察、科学解读和有效支持。

通过园本教研活动，让教师掌握基本的观察和解读方法，例如要从幼儿具体的行为来分析他背后的原因，就可以常问自己："我看到了什么？我好奇什么？他为什么要这样做？假如不这样，会有怎样的结果？"等。让老师既有学习的现场，又有做事的切入点，提高教师的执行力。

3. 跳出

尽管我们有范例给教师学习和临摹，但我们教研的目的是要让教师学会后能灵活运用，运用到真实的游戏场景中，拥有自己的观察案例，每月撰写一篇游戏观察记录，每学期申报并分享一篇优质观察案例。同时园部积极搭建舞台，利用各种公开展示、参观访问机会，为教师们提供展示和交流的机会，在分享中共同学习和进步。

通过一段时间的实践，我们发现教师能闭上嘴、管住手、睁大眼、竖起耳，做个安静的观察者；能积极拍摄游戏的过程，敏锐地觉察儿童的需要、兴趣和可能，并尽力去满足他们；开始试着放下心中对幼儿的期待和预设，慢慢实现"把游戏还给儿童"。

接下来，我们还将继续观察和反思，不断总结和改进，从而更好地理解和体察幼儿、更好地支持幼儿的学习与发展。

江苏省张家港市机关幼儿园　陈银

教研活动方案14：
游戏计划助推幼儿自主发展

一、教研背景

《评估指南》提出：支持幼儿自主选择游戏材料、同伴和玩法，支持幼儿参与一日生活中与自己有关的决策。大班幼儿进入幼小衔接的冲刺期，要将"儿童发展优先"理念扎实，需要关注幼儿发展需求和可持续发展。根据大班幼儿的年龄特点和发展需求，我们支持幼儿以建构游戏计划书的方式，基于自身兴趣和需要明确自己"玩什么""和谁玩""怎么玩"，通过制作游戏计划的方式把游戏的主动权、决策权交给幼儿。但在推行建构游戏计划书的初期，教师和幼儿们都遇到了许多困惑。为助推教师在游戏计划项目中的组织与指导能力，我们紧密围绕园本大教研的计划和精神，紧跟"儿童友好""幼儿发展优先"的理念，以建构游戏计划书的方式，推动幼儿在游戏中的自主发展，激发幼儿学习内驱力，支持幼儿通过直接感知、实际操作和亲身体验等方式积累经验，逐步做好身心各方面的入学准备。同时引导教师基于幼儿发展采取有效的教育行为，提升教师的专业素养。

二、教研目标

1.深化理解：通过理论解读与案例观察，帮助教师深入理解建构游戏计划对幼儿发展的价值，提升科学的教育观念。

2.技巧提升：通过案例分析、交流分享和互动梳理，提升教师观察与解读幼儿的能力，梳理出适宜的支持策略。

3. 内生发展：通过教研轮值，激发教师参与教研的积极性，激活教师内在驱动力。

三、教研形式

1. 教研加油站：围绕理论书籍，组织教师学习《评估指南》《教育部关于大力推进幼儿园与小学科学衔接的指导意见》等文件，交流对游戏计划的看法，理解游戏计划对幼儿综合能力发展的重要意义。

2. 教研实战场：采用视频、案例等形式聚焦幼儿游戏现场，观察幼儿的行为表现，解读幼儿的内在需求。

3. 头脑风暴会：小组研讨幼儿游戏案例，集思广益，根据幼儿遇到的问题从不同维度提出相应的支持策略。

四、教研准备

教研PPT，《评估指南》《教育部关于大力推进幼儿园与小学科学衔接的指导意见》文件，教研预告单。

五、教研过程

（一）教研加油站（理论学习与价值探讨）

1. 小组探讨：针对各个政策文件，说说游戏计划对幼儿发展有哪些推动？

2. 分组交流解读政策中的相关内容，结合个人理解明确游戏计划对幼儿发展的价值。

3. 梳理小结。

（1）有助于培养幼儿的任务意识、形成专注坚持的品质。

（2）有助于发展幼儿积极思考、解决问题的能力。

（3）有助于发展幼儿倾听他人、表达自我的能力。

（4）有助于提升幼儿协商合作、社会交往的能力。

（5）有助于教师倾听幼儿想法、解读幼儿需求。

(二)教研实战场(现状分析与案例解析)

1. 现状分析

(1)教师眼中的游戏计划

个别互动:班级的幼儿在游戏中有计划吗?

小结:在不同的幼儿游戏活动中,幼儿的游戏计划是以多种样态来呈现的,主要分为:①显性计划,如符号、表格、思维导图、绘画;②隐性计划,如语言、动作、服装、心理活动。教师不仅要支持幼儿的显性计划,更要细心观察并分析解读幼儿的隐性计划。

(2)幼儿眼中的游戏计划

小组交流:对前期调查中的数据进行分析:如何提升幼儿制订计划的主动性?

小结:做游戏计划源自幼儿的游戏需要,应是幼儿自愿、自发的,而不是他人强加给幼儿的任务。我们可以从以下几方面进行支持:①时空支持:为幼儿提供充分的时间和支持,让幼儿不用担心因制订计划而影响游戏时长。②书写支持:针对前书写能力弱的幼儿,教师可以提供代写服务,根据幼儿的想法帮助其写画,降低书写难度,让幼儿体验成功的喜悦,再从情感上接受并逐渐喜欢制订计划。③环境支持:可在游戏室周围张贴其他幼儿的游戏计划和游戏照片,让幼儿感受制订计划在游戏中的作用,丰富幼儿的经验。当幼儿感受到计划确实能够帮助他们更好地解决问题、满足需求、达成愿景时,他们自然就有了制订计划的内生动力。

2. 案例解析

案例:他不跟我们一起玩了

制订计划的时间,小米、咕咚、小博三个男孩组成一组,决定一起游戏。

小米:我们搭东方明珠吧!

咕咚:我们还是搭停车场吧!

小博:我也要搭东方明珠。

咕咚：那好吧，那就搭东方明珠。

在小米的执笔下，一份建构游戏计划画好了。

搭建过程中，三人平铺搭建了一个底座，然后向上搭建了东方明珠的底座。

"圆球怎么搭？"小米问道。

小博和小米在材料区到处寻找适合的积木，最终选择用圆柱体和圆弧形积木搭建东方明珠的圆球。

"老师，咕咚不跟我们一起搭了。"小米来找老师。

原来咕咚一个人拿了许多长条形积木在东方明珠旁边搭了一个双层停车场。

咕咚："我是跟他们一起搭的，我搭的是东方明珠旁边的停车场，人们去参观的时候把车停在这里，然后走过来参观。"咕咚边说边搭了一条由停车场通向东方明珠的小路。

分析解读：教师如何支持幼儿协商统一意愿？

梳理总结：在协商计划阶段，教师可以鼓励幼儿清晰表达自己的想法，讨论寻找大家共同的兴趣点，以便统一搭建主题。

（三）头脑风暴会（实战演练与智慧共享）

1.实战演练

阅读案例：计划画好了，我们搭不出

第一次游戏：城堡组由一群女生组成，计划书在大家的协商下由小孙绘画完成，一个大大的方形房屋上有一个三角屋顶，屋顶上还插着一面红旗。城堡的墙壁上有着三角形的花边装饰和方形的窗户。城堡上空飘着云朵，旁边种着小花。搭建时，看着精美的计划书，几名女孩却无从下手。

第二次游戏：这次女孩子们把计划书放在地上，选择长短不一的积木块，以地面当画纸，把计划书上的画用平铺的方式呈现在地面上。女孩们不断对比计划书与地面上的城堡，方形的窗户、三角形的花纹、飘扬的红旗，都难不倒孩子们。搭建成功，女孩们互相拥抱、拍手、跳跃，拉着老师来欣赏她们的作品。

集体互动：借助《指南》《评估指南》评价视频中幼儿的游戏行为，并分析幼儿的发展与需求。

分组讨论：教师根据个人意愿分为三组，分别为游戏前组、游戏中组、游戏后组，梳理出合适的教师支持策略。

小组交流：各组将梳理出的结果以可视化的方式进行呈现，并派代表进行交流，形成文档留存。

游戏计划助推幼儿自主发展的指导策略

游戏阶段	主要策略
游戏前	1.时间支持：保证充足的计划书写时间和游戏时间。 2.材料支持：提供安全、合适的建构材料，根据幼儿需求动态调整或自行收集。 3.经验支持：通过实地参观、照片观摩、信息收集等方法提前对建筑的外形、特点进行调查，在此基础上制订计划。 4.环境支持：可在游戏室周围张贴其他幼儿的游戏计划和游戏照片，让幼儿感受制订计划在游戏中的作用，丰富幼儿的经验。
游戏中	1.空间支持：保证幼儿有宽裕的建构空间。 2.安全支持：观察并保证幼儿在游戏中的安全。 3.情绪支持：游戏中鼓励幼儿大胆探索和尝试解决问题，必要时提供帮助。
游戏后	1.分享支持 （1）情感升华的分享交流。 （2）经验辐射的分享交流。 （3）问题导向的分享交流。 2.调整支持 鼓励幼儿根据实际情况适当调整计划，可用不同颜色的笔进行微调或另拿一张纸形成二稿。

2. 智慧共享

（1）观看上届大班教师的访谈视频，重点分析游戏计划的推进策略。

（2）个别互动：思考如何将他人的成功经验融入当前的实践中。

小结：有计划的游戏是有目的的游戏，教师在设计或者组织幼儿游戏时，要仔细分析这一类游戏中潜藏的学习目标，充分考虑幼儿学习与发展的核心经验成长序列。教师需要对幼儿的学习给予支架，教师的指导源自对幼儿在游戏中的观察以及日常活动中对幼儿的了解。只有通过深度的观察与分析，才能了解幼儿需求，提供适宜的支持，让幼儿经历感悟、探究、获得、应用四个阶段的学习循环。

六、教研实践

（一）全员卷入，激活教师内驱动力

教研不仅是教师获取知识的旅程，也是经验积累与传递的过程。我们创新性地引入了"教研轮值"模式，每位教师轮流担任资料搜集者、方案策划者及活动主持人，实现了从被动"听众"到积极参与者、协同工作者乃至领导者的华丽转身，有力巩固了教师在教研活动中的主体地位。这一模式成功地将教研小组塑造为一个充满活力的学习共同体。教师们通过亲身实践、深入思考、成果展示及经验共享，持续激活内在成长的潜能，让教师拥有不断提升自我、追求高质量教育教学目标的主动愿望。教研组集体的智慧显著增强了正面效应，激发了教师的主观能动性，充分尊重每一位教师的自主性和话语权，不但提高了教研活动的质量，而且聚焦于每一位教师的成长轨迹。

（二）政策导航，启迪教师先进理念

在实行轮值教研机制时，我们高度重视同事间的互助合作与实践经验的交流，但也意识到缺乏新政策导向与创新思维的融入易导致思路固化。故此，我们致力于在教研活动中深入剖析核心文件精神，热忱推广最新的教育资讯、行业动态，以及前沿的教育思想与理念，同

时鼓励成员分享外出学习的收获与深刻体悟。这一系列举措旨在激发团队内部的灵感碰撞与创新火花，促使大家在紧跟最新政策导向与先进教育理念的同时，紧密联系本园实际情况，开展富有针对性与创新性的教育实践，共促教育质量的持续提升与教育视野的不断拓宽。

（三）根植实践，赋能教师专业成长

1.建立共同愿景

教师是教研活动的主体，教研目标应基于幼儿发展需求及教师困顿。团队的共同愿景是团队发展的目标，也是教师日常实践、教研、学习的落脚点和动力来源。经过问卷调查及深度访谈，我们洞察到教师对于如何组织幼儿做好游戏前的计划、如何依托游戏计划促进幼儿自主发展还存在诸多困惑。鉴于此，我们基于幼儿发展需求及教师困惑共同商议确立了专题教研的方向，旨在直击要害，破解现实难题，引领教师在专业成长之路上稳健前行。

2.明确教研范式

为保证轮流教研的教研质量，我们为组员明确了教研范式，以回顾、现场观摩、分析讨论为主要环节，并提供了教研预告单、观察记录单、教研反馈表，供教研轮值的教师参考选用。

3.导师介入制

在轮值制度下，尤其是青年教师担当教研活动主持时，偶尔会遇到情绪紧张及思路不明晰的挑战。此时，教研组长的即时引导显得尤为重要，他们通过介入协助、帮助青年教师厘清思维脉络，补充回应，确保研讨的连贯与深度。我们为这些青年教师精心构建支持框架，并在这一过程中施以量身定制的个性化辅导。这样的做法不仅增加了教师的实践经验积累，也确保了教研活动既高效又具时效性，真正实现了能力成长与教研质量的双重提升。

4.强化实践应用

我们鼓励教师从日常教学工作中发现真问题，经历一个完整的"洞察问题—界定问题—深入探究—实践解惑"的循环，确保教研主

题紧密贴近教师实际需求，确保教研成果直接应对教学实践的难题。在频繁的思维火花交锋与不懈的实践尝试中，教师的眼界得以拓展、观念得以革新、行动模式实现蜕变，促使其真正做到理论与实践的完美融合，为教师的专业发展之旅增添动力。

总之，游戏计划有效推动了幼儿在游戏中的自主发展，激发了幼儿学习内驱力，支持幼儿通过直接感知、实际操作和亲身体验等方式不断积累丰富的生活与学习经验。教研轮值制度的实施，也不断撬动了教师以"幼儿发展优先"为指引，不断重塑教育理念，优化教育行为，并着眼于幼儿的健康快乐成长，不断内生、向上生长，最终成就自我，成就幼儿，成就幼儿园的高质量发展！

上海市嘉定区嘉一幼儿园　陶梦婷

教研活动方案15：
自主游戏中材料投放适宜性

一、教研背景

　　幼儿园自主游戏能同时满足不同层次幼儿活动和游戏的需要，在自主游戏中宽松自由的氛围消除了幼儿的胆怯和距离，更好地促进了幼儿自由、快乐的成长，使其在自主游戏中得到主动发展。游戏材料是幼儿游戏的物质支柱，更是自主游戏实施与开展的核心，离开了游戏材料，幼儿的游戏就难以进行。自主游戏中教师投放适宜的游戏材料不仅能丰富幼儿游戏的内容和想象，让孩子们的头脑身心都能得到有效锻炼，更能让教师在投放材料时注意观察、分析、解读幼儿自主选择的材料在游戏中的作用，使教师能够有效地支持幼儿深度学习和探究，促进幼儿多方面发展。因此，针对本园幼儿自主游戏中材料投放存在的问题，我们组织了本次专项教研。我们以游戏为基本活动方式，通过对幼儿自主游戏中材料投放的适宜性研究，引领教师树立正确的儿童观，尊重幼儿发展规律和学习特点，尊重幼儿主体地位和游戏权利，提升教师组织幼儿自主游戏的能力，促进游戏质量提升。

二、教研目标

　　1.优化教师对材料投放适宜性的认识，提高教师观察、分析、解读幼儿的能力，提升教师在幼儿自主游戏中投放材料的能力。

　　2.提高教师支持幼儿深度学习与探究的能力，引导教师生发支持的教育智慧和策略。

3.通过调整材料投放策略，不断提升幼儿的游戏水平。

4.提高教师对教研活动的认识和理解，找出真问题、进行真研究。激发教师深度学习，助力教师专业成长。

5.梳理、提炼出教师在幼儿自主游戏中进行适宜性材料投放的策略，形成较为优秀的游戏案例、观察记录等。

三、教研形式

1.分组研讨：组织教师进行问题讨论，给予每位教师发言探讨的机会，能够让教师真正发表自己的见解、疑惑，针对教师的问题进行梳理、讨论。

2.集体讨论：通过集体讨论，发现真问题，研讨解决真问题；通过反复践行，以点带面，在一点一面上领会、悟透、实践。

3.案例学习：通过观摩学习视频案例，发现问题，集中讨论，帮助教师学会理论指导实际活动，有效避免理论实践两层皮现象。

四、教研准备

1.教师提前熟悉教研计划、目标及步骤。

2.教研组长组织梳理实际问题，准备教研材料。

3.准备优秀教育资源，如相关理论和游戏活动图片、录像视频等。

4.基本材料：电子设备、教研记录表、签到表等。

5.明确具体分工，参考如下。

主持人：保教主任

活动部署、安排、总结点评：业务园长

记录、归档：小班教研组长

会场布置：中班教研组

教研签到、教育资源等材料准备：大班教研组

五、教研过程

（一）分组研讨，梳理问题

以大、中、小班进行分组，各组组长根据本年龄阶段幼儿的认知能力，以及各班级实施的游戏内容，组织分组研讨。

小班组内，各班根据自己班的问题进行说明，针对问题进行讨论，指出问题所在，小班组长则负责记录与梳理。

中班组内，组长负责统筹，小组成员积极讨论，利用集体的智慧共同梳理经验与问题。

大班组内，教师们积极发表自己的见解与疑惑，针对教师们的问题进行小组讨论与梳理。

分组讨论结束，由各组组长把梳理得出的经验与存在的问题形成报告，为下一环节的集体讨论做好准备。

（二）分享经验，理清思路

根据各组提报的材料，各组组长分享在分组研讨环节获得的新经验、好做法，并对遗留的问题作出整体汇报。

保教主任就存在的问题组织大家进行集体讨论，鼓励教师大胆发表自己的意见及感受，集体碰撞智慧。

集体讨论结束时，由业务园长进行总结，结合优秀教育资源帮助教师梳理解决的方案，把握教研方向，并提出下一步工作要求，引领教师们提高专业水平，推动教师对幼儿自主游戏活动的组织能力，促进专业化成长。

（三）案例学习，形成策略

集体观摩优质游戏视频，以户外自主游戏为点，通过"观摩讨论—总结经验—优化实践—促进提升"的思路，激励教师发现问题、对标问题，进行积极研讨，理清实践思路。

经过激烈的讨论与研究，大家群策群力制定出可供参考学习的模板，总结出共性问题的应对策略。

教研活动方案15：自主游戏中材料投放适宜性

共性问题1：幼儿自主游戏中，如何提升教师观察、解读幼儿的能力？

应对策略：

（1）明确教师的观察目的，带着问题进行有针对性的观察。

（2）体现理论先行理念，对教师进行多维度培训学习，将理论渗透在观察分析与应用的各个环节，促进教师观察、实践能力的发展。

（3）理论与实践相结合。各级部教研组长带领级部教师分别进行幼儿自主游戏案例解读分享，推选优秀游戏案例进行园级分享，从游戏背景、游戏过程、游戏反思入手，通过教研研讨，读懂幼儿们的内心，在一次次的分享解读下与幼儿共同成长，形成策略，支持幼儿全面发展。

共性问题2：教师在观察、解读幼儿的基础上，如何进行适宜的材料投放？如何支持、引导幼儿自主游戏，使幼儿游戏水平得到提升？

应对策略：

（1）幼儿自主商定游戏计划、规则，教师观察引领，适时投放适宜的材料支持下一步游戏。幼儿根据游戏计划进行游戏，教师观察幼儿游戏的质量，引导幼儿分享讨论游戏的进度，如遇到问题，有什么解决的办法，启迪幼儿思考或表征；再次游戏时，教师适时投入适宜的材料，引导幼儿观察哪些材料能够帮助自己解决问题。幼儿根据自己的需求选择解决问题的方法或者调整游戏计划，逐渐进入深度探索和学习；游戏结束后，教师引导幼儿分享交流游戏中遇到的问题或新发现等，启迪幼儿思考，整理建构获得的新经验。教师总结材料投放的适宜性策略，记录游戏案例。

（2）教师注重观察、评价等，采取支架等策略支持幼儿深度探究。教师能够适时引导幼儿将游戏中的问题、解决方法或发生的趣事等进行梳理表征。教师结合幼儿活动视频、表征或图片，将观察到的问题、幼儿探索解决问题的办法等进行交流、分享、评价，激发幼儿下一步活动的兴趣和探索的欲望。

（3）教师在幼儿自主游戏中，要尊重幼儿主体性，并适时提供支持和帮助，助力幼儿积极地探索，避免被动、消极的等待过程，促进幼儿在最近发展区获得发展。

六、教研实践

（一）加强理论，提升理论践行能力

根据教研中聚焦的实际问题，我们会有序组织教师进行读书学习，寻求理论支持，也会组织教师共读《指南》《评估指南》政策文件，提升教师对自主游戏的理解，学会用先进的教育理念支持教育行为，通过投放适宜的游戏材料，支持幼儿自主游戏深度开展，提升游戏水平。

我们也会根据各级部实施游戏优化，进行三级部自主游戏现场观摩教研，通过邀请区级以上教研员或者学前教研专家参与现场观摩，进行现场指导，使教师明确自主游戏中材料投放的适宜度，提升教师理论落地的能力和游戏支架的策略。

（二）注重成果共享，提升自主游戏质量

各级部注重自主游戏现场教研，错级部教研，互相切磋，取长补短。在游戏中观察教师对幼儿的游戏行为的引导支持，游戏材料的投放是否支持幼儿的深度探究，是否有新经验的获得。鼓励教师发现真问题，实现教研的有效性。

各级部根据教研的效果，进行自主游戏案例分享交流。通过对幼儿自主游戏的观察和支持，撰写游戏案例，通过图文、视频等形式进行展示交流，分享评价，展示教师们的教育策略和智慧，展现幼儿在游戏中的学习和发展，让教师们享受教育的成功感，感受职业的幸福感，在幼儿的成长中积极感受教师自身成长的快乐，教学相长，真正体验教育的真谛。

我们会对推荐的优秀游戏案例再优化、再指导，注重幼儿主体，发现幼儿视角的秘密，注重教师的有效介入和指导策略，指导教师思

维前置，为幼儿深入游戏提供游戏材料支持。在不断优化中形成教育资源，装订成册，成为新教师组织自主游戏的指导手册。让每位教师的教育行为成为主角，教师们的肯定和建议激发了教师们对理论与实践的不断思考，真正促进了教师有效支持幼儿自主游戏的能力提升，也实现了幼儿"我的游戏我做主"。

山东省日照市东港区秦楼街道中心幼儿园 董美萍

教研活动方案16：
在邀请性环境里解密儿童

一、教研背景

环境，是教育的重要组成部分。教育家苏霍姆林斯基曾经说过："让学校的每一面墙壁都开口说话。"在幼儿园里，幼儿触及的每一处风景和游戏角落都是我们与幼儿一起用心设计的，充满着美好，蕴含着教育的智慧。让环境成为有邀请性、会说话的环境，一直是我们不断探索的重要主题。如何用材料拓展、迸发儿童的思维，需要我们不断学习、更新教育理念，基于这样的思考，我们开展了本次教研活动。

二、教研目标

1.聆听专家讲座，结合游戏环境和材料两方面谈谈收获与感悟。
2.结合大中小班游戏视频，分析同种材料在不同年龄段的不同指导策略。

三、教研形式

聆听专家讲座，观摩游戏视频，积极进行研讨。

四、教研准备

专家讲座，游戏视频，纸笔。

五、教研过程

（一）聆听专家讲座

主持人：环境是重要的教育资源，现在让我们一起来聆听专家讲座，一起学习新理念，让理论指导实践。

集体观摩专家讲座，要求教师认真聆听。

主持人：听完讲座，请大家围绕"让环境充满邀请性"谈谈自己的收获和感悟，也可以根据听到的内容讲讲自己的思考。

王老师：关于"让环境充满邀请性"，我们创意性地布置了"图书漂流"环境，鼓励幼儿积极参与。在活动形式上进行的创新，主要体现在两个方面：第一，鉴于幼儿思维的特点，让幼儿自己设计记录卡，他们可以用自己的方式记录阅读后的所思所想，并用悬挂的方式进行展示。第二，环境中我们设置了"好书推荐"，并利用下午的时间请幼儿推荐自己阅读的书目，鼓励幼儿对阅读有更多的思考。

李老师：艺术性的陈列布局可以吸引幼儿的参与。在创意区，之前幼儿的创意大多由老师艺术性呈现，而幼儿参与较少。现在我们将三个网格架组合起来，网格架的高度也比较适合幼儿的视线，幼儿可自由摆放自己的创意作品，在自主环创中感受到自己的创意被尊重。

陈老师：邀请性环境的创设让我想到了阅读区，我们之前为幼儿营造的阅读环境是安静的，尽量让别的区域少打扰，还特意用屏风在入口处进行了隔断。今天听了专家讲座，打开了我们的视野，我们可以调整多通道出入口，让幼儿在阅读区更自由、自主、自在。

主持人：老师们说得很好，这说明大家都积极思考了。请大家继续分享，碰撞智慧的火花！

王老师：我们以微景观的方式呈现自然角，把画架、绘画材料等投放其中，让自然角和幼儿形成互动，幼儿在自然角观察、探索，进行绘画，同时他们和同伴分享自己的绘画作品，我们也将幼儿的绘画作品布置出来，让孩子们进行交流分享，激发他们进一步创作和持续观察自然角的欲望,在互动和分享中体现环境的邀请性和"会说话"。另外,我们还充分利用教室门口的一块空地,选择适当的垫子,投放各种材料,幼儿自主选择材料进行拼搭活动,并延伸展开角色游戏,这也是用环境向幼儿发出邀请,激发幼儿们投入游戏的兴趣。

魏老师:我们蹲下身来,以儿童视角进行邀请性环境的布置,在美工区把原先放在推车上的彩陶放在了儿童视角高度的架子上,方便幼儿取放,还把幼儿制作的作品布置在他们每天来园签到的走廊上,高度刚好是幼儿站着可以看到的。幼儿每天来园时都可以欣赏到同伴的作品,同时也吸引了更多的幼儿自主加入游戏。

邱老师:我觉得具有邀请性的环境非常重要,对幼儿的游戏能力发展有积极的作用,所以我们针对娃娃家中的小厨房做了一个格局的调整。之前小厨房是一个框架结构,有柜子包围着,幼儿们刚开始也很喜欢,但是由于格局限制,人一多他们就没法玩。上周我把长条的柜子移走,感觉一下子空间开放了,通过一周的游戏我们发现有更多的幼儿进入小厨房了,他们把小厨房变成一个"开放性厨房",去各个游戏区拿材料来到小厨房加工,玩出了新花样,这就是"邀请性游戏环境"的魅力所在吧。

小结:邀请性环境可以从布局入手,特别是要重视入口处的环境创设,其次班级环境布局要多通道,要体现儿童视角和平衡性。

(二)发现材料的妙用

主持人:纸杯作为一种低结构材料,投放在我们班级的游戏区域之中,不同年龄段的幼儿可以开展不同的游戏,现在请大家讨论同种材料投放给不同年龄段的幼儿,孩子们会获得怎样的发展和经验。

朱老师:小班幼儿更加关注情境性,中班幼儿逐渐出现合作行为,大班幼儿则愿意尝试具有挑战性的游戏。

钱老师:小班幼儿的角色性更强,到了中班开始注重建构技能的发展。

周老师:与小班时期相比,中班幼儿建构的目的性增强,主题性也更为明确，并且会分工合作，各司其职，共同完成游戏。

肖老师：小班幼儿在玩纸杯时玩法比较单一，中班幼儿会利用一些辅助材料，为游戏赋予更多的情境性和想象性。

包老师：大班幼儿在纸杯游戏中能进行归纳总结游戏，中班幼儿在玩纸杯排列游戏时会按ABB这样的规律排，小班幼儿则可以按颜色规律叠高纸杯。

侯老师：相对于小班幼儿，大班幼儿目的性更强，经验也更丰富。

小结：同一种材料，不同年龄段的幼儿会玩出不一样的花样，获得的经验也是不同的。通过这样的探讨，可以让教师加深认同游戏中材料的重要性。

（三）观摩游戏视频

播放游戏视频，教师认真思考。

思考1（观察／判断）：我看到了什么？幼儿在干什么？

思考2（价值判断）：我看到幼儿正在做的事情对于他的学习和发展有什么价值？他可以从中获得什么经验？

思考3（行动决策）：需要我干预吗？幼儿遇到问题了吗？什么问题？他能自己解决吗？

主持人：观摩完视频，请大家进行交流分享。

魏老师：在视频中，我看到幼儿在摆放纸杯时是没有固定方法的，有时从左边开始，有时从中间开始。

盛老师：两名幼儿在游戏时共同讨论用纸杯搭建动物园的主题。在游戏过程中，两名幼儿有意见不统一时，能协商解决，听取别人的意见。

郝老师：两名幼儿用纸牌和夹子做了长颈鹿、马、小鱼、小狗等动物，放在动物园中。他们把生活经验迁移到游戏中，还用纸杯给小动物们分出区域，有长颈鹿区、小鱼区、小马区等。幼儿在运用这些辅助材料后，不仅仅是用纸杯进行建构，还给游戏加入了角色情境，

111

幼儿的想象能力、创造能力、思考能力都得到了发展。

主持人：观察的真正目的，是要求教师在幼儿游戏中能够读懂幼儿思维的细节，解读幼儿心灵秘密，找到支持、帮助、指导幼儿学习与发展的依据。学有所思，行以致远，教师们通过"实践—反思—再实践—再反思"的过程，才能形成实践的智慧，促进自身专业成长。

结束语：感谢各位老师的讨论和分享，最后请园长给我们做指导、总结。

园长讲话：开放的材料、灵活的布局、弹性的空间、自主愉悦的游戏氛围，这些邀请性环境的创设能激发幼儿持久而深入的探索……课程游戏化的路上，幼儿游戏的指导工作任重道远，观察可以让我们走进儿童的世界，用发现美的眼睛解密儿童。我们要深挖幼儿游戏的内涵，和幼儿一起成长，期待遇见更多精彩。

六、教研实践

（一）以专业阅读为引领，不断提高专业素养

阅读有助于教师的专业成长，没有理论知识的支撑，实践是走不远的。教师一定要有扎实的理论基础，对此，我们非常注重教师们的阅读分享，以专业阅读为引领，不断提高其专业素养。我们会每周组织一次阅读引领日，以教科研骨干老师为主，寻找相关的理论文章，带领全体教师进行专业阅读。还会每月进行一次阅读分享会，围绕"材料""环境""邀请性环境"等关键词，月底进行阅读分享，大家畅谈心得体会，交流经验与方法。

（二）材料投放助力构建邀请性环境

1.创设班级材料库，让材料互动最优化

根据幼儿的年龄特点，通过班级每天一次、年级组每周一次、园区每两周一次的研讨活动，对已有的材料库进行重新思考和调整。例如大班组根据材料的分布位置、性质，结合数学排列，设计了"材料分布图"和"门牌号码"，中班组根据颜色形状进行分类，小班组用

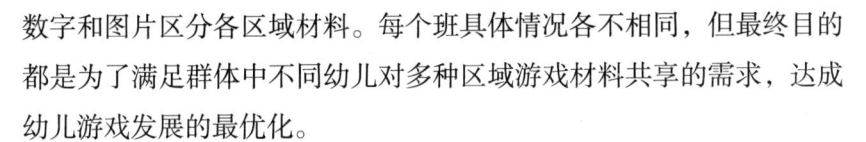

数字和图片区分各区域材料。每个班具体情况各不相同，但最终目的都是为了满足群体中不同幼儿对多种区域游戏材料共享的需求，达成幼儿游戏发展的最优化。

2.思考材料投放的方式，助力幼儿的主动探究

我们利用每月一次的大课题会议，不断反思和调整材料的收集和投放方式，同时，材料之间的组合、连接、镶嵌等必不可少，我们通过专题讨论，分大、中、小班年龄段，分别寻找合适的连接材料，如吸管打洞插接、螺丝螺帽、扭扭棒、橡皮泥等，在实践中不断改进。

（三）以互动、分享为抓手，助力构建邀请性环境

（1）每周一次，以班级为单位，对班级内的游戏环境进行调整和研讨。

（2）每月一次，邀请专家进行现场指导。

（3）每季一次，向家长展示幼儿在园游戏活动，增进家园联系。

（4）积累大量的案例和视频，以"邀请性环境的创设"案例为观察分析蓝本，通过案例中材料投放和支持使用策略、环境的创设等分析梳理出我园独有的共性投放、支持策略与方法，向同行推广。

江苏省张家港市机关幼儿园　陈银

教研活动方案17：
诱导区环创与自然材料投放

一、教研背景

游戏是幼儿成长过程中的核心要素，幼儿的发展在很大程度上取决于游戏的过程和形式，也就是说，游戏是幼儿探索和学习的主要途径，它对于幼儿的发展有着重要的意义。自然材料是来自自然界中，未经过加工和处理，是一种就地取材、灵活取用的真实材料，它来自自然，蕴藏了自然的神奇特点。在幼儿游戏中运用自然材料，具有独特的教育价值。《指南》指出：要充分创造条件和机会，在大自然和社会文化生活中萌发幼儿对美的感受和体验，激发幼儿的想象力和创造力，让幼儿学会如何感受美、表现美、创作美。教师巧妙地运用自然材料不仅能帮助幼儿感受大自然的美、释放天性、发现人与大自然的关系，有效促进幼儿想象力、探究力、创造力及社会性的发展，而且能丰富教育资源，使教育活动趣味化、生活化、游戏化。于是，我们倡导各班级在创设诱导区时充分利用自然材料，但是调查发现各班级运用自然材料的频率并不高，即使投放了自然材料的班级，在诱导区开展游戏时幼儿也不感兴趣。为了更好地引导教师在实际操作中将自然材料的投放呈现出层次性，我们展开了本次教研活动。

二、教研目标

1.通过讨论自然材料的投放，布置出有美感的班级环境。
2.通过自然材料的投放，让幼儿亲近自然。

3. 帮助教师树立正确的游戏理念和材料投放方法。
4. 探究自然材料如何在诱导区中合理有效地运用。

三、教研形式

交流讨论：梳理问题，教师交流讨论。
集体学习：观摩专家讲座，集体学习。
经验分享：教师积极分享个人收获与看法。

四、教研准备

1. 教师前期在班内布置过诱导区。
2. 电子设备、专业书籍、专家讲座视频。

五、教研过程

（一）问题梳理

主持人：游戏材料是幼儿游戏的关键，是诱导区的核心元素。在众多游戏材料中，自然材料是最具多样性和灵活性的，它取材于自然，处处渗透着自然的独特性，因此，将自然材料运用于诱导区中，可以促使幼儿快速获取生活感知力，激活他们的创造性，具有独特的教育价值。现在让我们一起来看看各班级诱导区的环创现状。

电子设备播放各班级诱导区环创现状，教师认真观看。
讨论：自然材料在诱导区的投放情况如何？都存在哪些问题？
教师自由讨论、交流。
问题梳理：
①仅个别班级的诱导区投放了自然材料。
②投放的自然材料缺乏层次性。
③投放的自然材料不符合幼儿的兴趣和年龄特点。

主持人：自然材料取之于自然，是与自然联系最为紧密的，而这些自然材料又是生活的一部分，有沙、石、土、叶等，幼儿在运用自然材料时能够切身体会到现实的生活，使幼儿希望感知生活的愿望更加迫切，促使他们渴望更快地了解真实的生活和世界。不仅如此，自然材料还可以丰富幼儿的感官和情感，因为自然材料多种多样，有不同的质感，给人以不同的感官体验，它向幼儿展示了灵活的自然元素，促使幼儿在游戏操作中激活感官体验，构筑良好的自然情感，实现情感能力的提升。然而刚才我们看到，各班在创设诱导区时对自然材料的利用率并不丰富，甚至有的班级完全没有利用自然材料来布置环境。对此，我们一定要注意提高这方面的意识。

（二）阅读分享

主持人分享专业书籍，以领读重点段落的方式，提高教师对自然材料的重视。

要点记录：

自然材料是自然孕育出的神奇，有着多变的颜色、形状、材质，能够进行多种灵活的操作整合，能够给予幼儿极强的动手体验，使幼儿在操作过程中不断激活创造性思想，培养其丰富的想象力和创造力。

自然材料诠释着大自然的神奇，而对自然材料的研究和探索正是引导幼儿体验自然、感悟生活的重要推动力，它加速了幼儿获得社会性的进程，也促进了幼儿对自然的理解和感悟。

环境作为幼儿园教育的隐性课程，教师要具备为幼儿提供活动和表现的条件和机会，应选择自然材料融入环境创设，为幼儿提供感知自然的机会，增加幼儿与环境的互动频率，让幼儿与材料交朋友、做游戏，实现材料在环境中的教育价值。

交流讨论：

①自然材料投放的含义是什么？

②如何在创设环境中投放具有层次性的自然材料？

③关于诱导区环境的创设与自然材料的投放，你有什么看法？

教师集体研讨交流，碰撞智慧的火花。

小结：自然材料指生活中具有可利用价值的、原始状态下的各种纯天然的、收集后可直接利用的实质性资源，如花草树木、瓜果蔬菜、泥土沙石等。幼儿天性是向往自然的，他们更加愿意在自然元素中探索，因为自然元素是未经雕琢的真实的生活体现，而幼儿追求的就是真实的生活成长，所以，在游戏中教师应当灵活运用自然材料，借助自然材料帮助幼儿获得自然体验。

（三）经验升华

播放专家讲座视频，教师集体学习。

主持人：学习了专家的讲座，想必大家都有收获，也有了更深的体会，下面请结合班级诱导区的作用，结合今天所学，分享一下想法。

许老师：自然材料在诱导区的投放是游戏成功开展的重要因素，是幼儿探究活动的保证。幼儿在使用材料的过程中，发现问题、探究问题、解决问题，从而获得相关的知识和经验。通过今天的学习，我更加了解到自然材料的教育价值，今后在创设诱导区时就会更有依据了。

张老师：自然材料给幼儿带来了无尽的创造力，使幼儿在诱导区活动中充分发挥他们的想象力和合作能力。今后根据不同的游戏主题，我使用的自然材料也会根据需求进行调整，体现出材料的丰富性，在给幼儿带来欢乐的同时，丰富幼儿的知识，提高幼儿的认知能力。

孙老师：通过自然材料在诱导区中的有效运用，使得幼儿可以通过自发的学习和游戏进行一系列的尝试，主动调整自身的学习能力。

张老师：让幼儿利用自然材料来参与诱导区布置，能培养幼儿的动手能力，同时也能提高幼儿对集体的热爱。在自然材料的布置过程中，幼儿可以通过对自然材料的加工与选择来调整自己的游戏内容，并按照自己的意愿去探索，让自己的能力得到充分发挥。

刘老师：幼儿通过参与诱导区的活动，既锻炼了身体，又能发掘创造力与想象力。

周老师：自然材料丰富多样，能够丰富游戏的内容，激发幼儿的想象力和创造力，培养幼儿的动手操作和问题解决的能力。

皎老师：幼儿对自然材料的兴趣和热爱是可以培养和引导的，教师可以组织幼儿一起参与诱导区自然材料的收集与整理，然后分类管理，这样既可以提高幼儿的观察力和分类能力，又可以激发幼儿的环保意识和责任感。

王老师：在幼儿园诱导区游戏中，我们应该侧重自然材料的运用，为幼儿提供丰富多样的游戏体验。

祝老师：使用自然材料在幼儿园诱导区游戏中有着诸多的益处。首先，自然材料可以提供更贴近幼儿生活的感受，增加游戏的真实性和情境性。其次，自然材料的使用能够激发幼儿的积极性和兴趣，增强幼儿参与游戏的意识和探索动力。最后，自然材料的运用可以培养幼儿的环保意识和责任感，促进幼儿的可持续发展思维。

段老师：自然材料来自幼儿生活的环境，在游戏中使用这些材料，可以让幼儿更好地理解和感知自然界的事物。这种真实性和情境性将增加游戏的吸引力，使幼儿更加投入和乐于参与。

六、教研实践

（一）开放环境，激发幼儿游戏兴趣

自然蕴藏丰富，孕育出无数多彩的事物，比如富有棱角的石子、形状奇特的树枝、细密微小的沙砾、五彩斑斓的树叶等，这些都是大自然给我们的馈赠，也是幼儿探索自然、收获知识的媒介。游戏可以由幼儿自主设计，而自然材料给游戏的开放性增添了更浓的色彩。幼儿能够利用开放的环境、多样的自然材料，更加积极地融入游戏之中，沉浸在自主和开放式的环境里。幼儿的天性在游戏活动中能够得到发展，这也契合他们成长的需求。

（二）注重层次，提升材料运用能力

不同年龄的幼儿对于游戏材料的需求是不一样的，而随着游戏的不断开展以及游戏经验的不断获取，幼儿对于同样的游戏需要的材料

也会有所不同。比如，小班幼儿以具象思维为主，他们在游戏中往往更侧重于模仿，对材料的整体塑造能力较弱，而随着年龄和经验的增长，中班幼儿在游戏中能够表现出更抽象的想象能力，能够对材料进行相似的想象和创意，使得材料能够在想象中具有一定的替代性，而大班幼儿抽象思维逐步发展，他们对材料的假想也越来越丰富和具体，甚至不限于材料的本身形态，通过发挥更加灵活的想象进行游戏。所以，不同的幼儿对游戏材料的运用能力是有区别的。教师在投放材料时，须注重自然材料的层次性，通过层次化的运用，带领幼儿有效融入自然，提升个体运用材料的能力。

（三）结合角色，提高幼儿创造能力

角色游戏是幼儿学习和模仿成人行为的一种活动，在开展角色游戏时，要让幼儿更好地获得类似的活动体验，就必须配置与角色相契合的游戏材料，这样才能够最大限度地发挥材料的价值，才能够最有效地实现游戏的作用。而在日常的幼儿角色游戏活动中，并非所有的角色游戏都能够带领幼儿置身自然环境之中，就需要教师在幼儿游戏时合理配置和投放适宜角色需要的自然材料。自然材料的来源可以是多样的，可以由幼儿自行收集，也可以由教师结合幼儿的需求收集。所投放的材料与角色契合度高，就能够更好地发挥幼儿的创造性，激活他们的创造能力。比如，在开展角色游戏时，教师可以投放一定的木桩、石子、木板等，幼儿可以发挥想象和创造力，将木桩有序摆放，构建起"教室"的模样，用石子和木板分别做粉笔和黑板，而一部分幼儿扮演学生，一部分幼儿扮演教师，能够有模有样地"上课"。在此过程中，利用与角色契合度高的自然材料，幼儿还能够创新出新奇的元素，比如有的幼儿用树叶做画本，模仿绘画的过程，而有的幼儿用树叶做奖状，颁发给"表现好"的幼儿，这些都是幼儿对社会生活经验的探索。他们通过这种拓展想象的方式，赋予身边的自然材料更多的功能和样态，使得他们真正地看到和感受到角色的讯息，实现更深刻的角色体验。自然材料的投放只是活动中教师与幼儿互动的开始,教师要关注活动环境的创设效果,持续追随幼儿,及时回应幼儿发出的信号,由此对材料进行再设计、再创造,促进幼儿在最近发展区内得到发展。

江苏省无锡市新吴区观湖幼儿园 赵丽君

教研活动方案18：诗意田园课程的优化提升

一、教研背景

根据办园理念"让生命在教育田园中诗意成长"，幼儿园确立的园本课程为"诗意田园"，为我们的园本课程研究指明了方向。经过一段时间的实施，部分班级已经在"诗意田园课程"目标的指导下，对班本课程的开展进行了初步的实践与摸索，并开展了不同的生成活动。可以看出的是教师关注更多的是结果导向，缺少活动开展过程中对于幼儿学习经验的认识和构建，以及对活动后的总结梳理以及经验的再提升。从理论层面，教师们对园本课程的认识还比较零散，每个人的认识也不同，对于课程的研究不系统，更不深入。基于此，我们开展了"诗意田园课程的优化提升"教研活动，深挖课程内涵，提高教师课程研究能力、实施能力，促进教师专业发展、促进幼儿全面发展。

二、教研目标

1.研训结合，逐步提高教师课程意识，推进"学习—实践—反思—实践—总结"的过程性研究。

2.从开展的田园课程中汲取经验，引导教师开发利用多方资源，开展课程创生的实践研究，使后期田园课程的实施开展更加完整，思路更加清晰，内容更加丰富。

3.深挖课程内涵，把握一日生活中的教育契机，追随幼儿兴趣，依据实际情况调整活动的进程，提高教师课程研究能力。

三、教研形式

集体研讨：针对共性问题进行集体研讨。

小组研讨：不分年级分组研讨，进行交叉学习。

年级研讨：针对特定问题，按年级分组进行研讨。

四、教研准备

1.通过调查问卷、个别谈话的方式，了解园本课程研究的现状，梳理存在的问题。

2.预设可能达成的共识和实施策略，提前规划教研成果落实和推进的路径及时间节点，关注教研活动的成效。

3.把教研方案（包括相关的学习资料、案例、视频等）提前发给成员，让大家提前学习和研究。规划好教研现场的记录人员、发言人员、拍照人员等，让每个组员都有自己的任务，主持人、梳理员、记录员、摄像员、新闻编辑等角色一一落实到位，使组员产生一种心理预热，怀着期盼投入活动。

4.请教师提供教研活动的相关案例，可以是视频和照片等资料。

五、教研过程

（一）问题大讨论

主持人把大家梳理的问题讲述出来，集体进行讨论。

问题：

（1）如何使课程实施的目的明确、清晰？

（2）如何让幼儿真正参与到每个环节的活动之中？

（3）如何利用好家长资源，争取家长对课程的支持？

（4）如何与幼儿园一日生活整合，建构诗意生活课程？

（5）如何与生态田园整合，创生"诗意田园"课程？

集体讨论后,个别教师发表看法。

(二)优化班级环境创设

师幼共同创设班级环境,可以从行为文化上让教师、幼儿进一步理解课程理念,优化环境创设是首要工作。

集体研讨优化环境创设的方法、措施。

探讨后进行经验总结。

小结:通过研讨,我们确立了环境创设的新理念:创建每个班级的"诗意生活+","+"一方面是"家园"的"家",就是创设出让幼儿在班级中也有家的感觉的环境,从而能够自主地参与到环境的布置中,做环境创设的小主人。另外,"+"本身就蕴含无限的可能性,承载无限的希冀,师幼共同构建诗意生活的环境,在这样诗意优雅的生活中学习、成长,创造无限可能。

(三)优化采摘活动

主持人:我们利用本地特有的自然资源和社区资源,定期进行采摘活动,但如何让幼儿在采摘活动中体验快乐,进行深度学习呢?

分小组研讨,碰撞智慧火花。

经验梳理:

(1)制定具体的采摘活动方案。

(2)让家长参与课程建设,增加亲子采摘的方式,丰富采摘活动的内容。

(3)采摘活动结束以后,根据不同年龄幼儿的特点开展拓展活动,如采摘以后的苹果、猕猴桃制作的果干、果汁等与小朋友进行分享,策划美食节系列活动,使课程逐渐深化。

(四)预设美食节活动

主持人:策划美食节系列活动是个不错的想法,那么可以怎么执行呢?

王老师:我们可以在秋季丰收的时候策划这个美食节,因为秋季是收获的季节，收获的果实会很丰富。

李老师：我们可以预设晒秋、闹秋、留秋主题，应该会很有意思。

陈老师：可以通过调查问卷让家长了解班级课程实施的目标和内容，如秋日果实大调查的调查问卷，可以让家长协助带水果、蔬菜、晒菜的工具等。

王老师：可以根据主题邀请专业相关的家长参与课程的实施，也就是家长助教活动，比如邀请家长展示腌制萝卜、制作水果罐头的活动。

经过讨论，大家协力制作出了活动网络图，并梳理大中小不同年龄段的发展价值。活动网络图制作好后，又组织大家从中找问题。

问题梳理：

（1）晒秋环节。没有提前考虑到各种果蔬农作物的保留安全问题，活动持续的时间有点短，幼儿不能充分了解和认知果实，幼儿没有足够的机会进行摸摸、看看、闻闻等探索行为，探索不够深入。

（2）闹秋环节。形式单一，没有充分考虑幼儿的兴趣需求，没有预设让幼儿充分进行讨论、表征的环节，只是拍照打卡就结束活动，活动价值没有被充分挖掘。

（3）留秋环节。预设的活动形式不够丰富，幼儿不能充分理解"留秋"的含义。

通过梳理问题，集体再次研讨，优化课程内容。

小结：课程的开展一定要留下弹性的时间，让教师和幼儿能够有充足的时间去开展相关活动。课程的来源可以由教师发起，但是在开展过程中一定要"看得见儿童"。开展时要尊重幼儿的主体性，发现幼儿的兴趣点，做到幼儿在前、教师在后，师幼共同建构课程。

主持人：思维的碰撞，碰撞出了智慧的火花，使我们的课程内容进一步丰富和完善，每次活动结束后，我们就想如何通过主题版面，来展现幼儿课程开展的过程，帮助幼儿梳理、总结、提升获得的学习经验。对此，大家有什么好的看法呢？

理论提升：把课程实施过程中的亮点或有意思的课程样态提炼出来进行呈现，如图文结合展示或让幼儿进行表征等，可以看出课程是动态的、持续的、不断优化的过程。

（五）把秋游纳入课程

主持人：本次教研相信大家都有了自己的收获，群策群力既是思维的碰撞又是互相学习的方法。我们要重视每一次研讨，以问题为导向，梳理思路，让后续的工作得以顺利开展。刚刚的思维碰撞，碰撞出了美食节活动，这也给了我一个思路，比如我们幼儿园每年都会组织亲子秋游活动，那么把秋游活动纳入我们的"诗意田园"课程中是否也是一个不错的尝试呢？因为秋游可以走出幼儿园，这也符合"让生命在教育田园中诗意成长"的教育理念。

按年级分组进行研讨。

小班对秋游中的拔萝卜课程进行了预设，中班对秋游中的地瓜课程进行了预设，大班对秋游中的"品秋"课程进行了预设。

有了美食节活动的相关经验，教师们开展秋游课程的思路更清晰了，尤其小班组预设的拔萝卜课程。出于小班幼儿对拔萝卜儿歌的喜爱，并有一定的拔萝卜游戏的经验，教师抓住小班幼儿的兴趣点，利用秋游组织小班幼儿实地去萝卜园，除了观看和游玩，还让幼儿身临其境在真实的环境中进行拔萝卜游戏。游戏结束后，还利用萝卜做出各种创意造型，幼儿们在做造型的过程中收集了很多自然生态材料，带回教室装扮环境，教育价值得到了极大的发挥。

小结：教育是有目的、有计划的活动，有预设有目标，但很多东西是难以预设的，预设好的东西也不是一成不变的，所以教师必须关注活动过程中幼儿生成的、变化的东西，随着幼儿的探索不断生成新的主题、新的活动，促使课程持续、持久地开展，这也是我们教研活动的最大收获。

六、教研实践

(一) 滋养底气，强化内功

为教师购买大量的专业书籍，注重理论学习，边学边研边实践，夯实专业根基，推动"诗意成长"教师读书会，营造"智慧碰撞 合作共享"的文化氛围，开展"四个一读书活动"，组织教师每年读一本经典、每季度读一本教育理论专著、每月读一本教育期刊、每周读一篇教育论文，以此铺垫教师的理论底子，滋养底气，强化内功。我们也会不定期组织骨干教师向青年教师解读《指南》《纲要》《评估指南》等相关政策的内容，从专业角度引领教师不断成长。

(二) 持续跟进，全方位研训

与教师进行个别交流，了解教研成果落实的情况和教师的需求；走进班级开展"沉浸式"教研、即时性教研，与教师共同观察现场、互动研讨；将教研成果落实到主题、周、日计划中；以考核、督查、评比等形式，落实教研成果并作为硬性规定去推动。有时候已经对教研成果进行了分享，为什么效果不明显呢？原因是缺少跟进，教研成果梳理与分享后，教师的认识、理解和执行情况如何，又遇到了哪些具体问题等，都需要持续跟进。同时，也要通过组织形式多样的研讨活动，如观摩研讨式、案例分析式、现场体验式、专题讨论式等，不断提高教师参与研讨的积极性；组织以骨干教师轮流担任主持人的"轮席制"教研，如主题实施过程中的"审议式"教研、针对典型问题开展的"案例式"教研、"一课多研"下的"研磨式"教研等，从思维方式、创新精神和知识运用三方面对教师进行全方位的研训。

(三) 推广成果，持续学习与提升

基于创建"诗意环境"课程、创生"诗词启美"课程、开发"诗意文化"课程，班级教师与幼儿商量对班级环境进行创建与布置，尝试融合诗词启美的课程，每个班级都起了一个从古诗中提炼出来的名字，自己设计班牌、班标，如青葵班、明月班等。为了促进各班的交

流,我们组织班级观摩评比活动,各班详细介绍自己的环创理念和思路,大家相互学习、相互借鉴,及时整理出环创的图文集锦,使之成为课程资源库的一部分。

对于每次的学习与研训,形成有针对性的指导意见,以方便教师操作实践;整理典型性案例和有益经验,在一定层面上推广教研成果;以撰写案例、论文等方式,引导教师结合理论学习进行反思性经验总结,提升自己的专业水平。建立"教研相册",将相关资料以图片或者截图的形式展示,教师可以持续地阅读和学习。以教研资源包的形式将相关的视频资料、交流案例、表格、教研记录等进行分享。

山东省广饶县稻庄镇中心幼儿园 李青青 马志慧

教研活动方案19：
感同身受看游戏

一、教研背景

人们一般总以为自己眼睛看到的就是最真实的，也觉得是最重要的。但在幼儿游戏时，教师作为旁观者，在拍摄记录幼儿游戏时存在主观臆断的行为，所谓的观察也比较片面，如果我们能感同身受幼儿的游戏，捕捉幼儿游戏最真实的样态，就会发现幼儿是那么的天真、可爱，这对教师的专业能力提出了更高的要求。基于此，我们开展了本次教研活动，把大家汇集到一起讨论、剖析问题，在智慧的碰撞下发散思维，希望我们能够从幼儿的角度看待幼儿的游戏，从而越来越理解幼儿。

二、教研目标

1.在游戏的观察与分享中，明确一对一观察的重要性，巩固游戏观察的基本方法。

2.在研讨中帮助教师明确如何以儿童的立场观察游戏，以感同身受理解儿童。

三、教研形式

自由发言、交流讨论、视频观摩、经验分享。

四、教研准备

纸笔、游戏案例。

五、教研过程

（一）何为"感同身受"

切入教研主题，帮助教师理解"感同身受"的含义。

互动1：什么是"感同身受"看游戏？

沈老师：就是站在幼儿的角度感受幼儿在游戏过程中的感受（情绪、心情）。

许老师：我觉得"感同身受"就是在幼儿游戏过程中把自己代入幼儿的角色。

王老师：我觉得除了感受他们，还可以与幼儿一起游戏，与幼儿一起体验游戏时的感受，强调参与感。

互动2：教师分享自己有代表性的游戏案例。

许老师：今天我要分享观察涵涵小朋友游戏的案例，我为什么观察他，是因为一方面他身边没有其他教师观察他。还有就是在观察他的过程中，我发现这个幼儿在黑板上一直涂鸦绘画，持续的时间很长。他涂鸦绘画的内容很抽象，仔细观察才知道他画的是萤火虫。在这个游戏中，让我感同身受的点就是他虽然没有同伴，但是他依然在认真地绘画，同时也享受这个游戏带来的快乐。

沈老师：我要分享的观察对象是昊昊，他在整个游戏过程中积极性很高，游戏一直坚持到了最后，其间出现了交往、合作、协商等游戏行为，并能很好地倾听同伴和解决问题，所以我一直在观察他。

（二）评价游戏VS感同身受

结合游戏视频，链接感同身受，帮助教师区分评价幼儿与理解幼儿的区别。

主持人：现在让我们来观摩一个游戏视频，视频内容大致讲述了三个小男孩将一辆红色摩托车的角角落落涂上蓝色颜料,过程中三个人有交流,颜料不够的前提下能够合作取颜料。等涂完颜料,三人还玩起来了"骑摩托车"游戏。现在我播放视频,请大家认真观摩。

互动1:看完这个视频后,你会如何评价幼儿的游戏?

苏老师:这个案例是我分享的,当初在观察三名幼儿的时候,他们一直专注地在涂那辆小车,把小车的角角落落都用蓝色颜料涂了个遍。这辆车原本是一辆红色的摩托车,之所以涂上蓝色,我觉得是跟男孩的性别喜好有关。

金老师:我觉得单从男女性别上来判断有点片面,虽然大众认为男孩喜欢蓝色、女孩喜欢粉色,但这个并不是绝对的,不能代表所有的男孩女孩都是一样的。像这个案例,他们选择用蓝色颜料涂红色摩托车,是不是可能颜料区没有其他颜料了呢?或者其他颜料不够才选择蓝色呢?

主持人:金老师说到这一点很好,我们评价幼儿游戏时通常更关注幼儿的游戏行为,其实也要关注周围的环境、材料对幼儿的游戏是否有影响或者制约等,不然做出的评价是有失客观的。

互动2:我们如何更好地通过倾听实现"感同身受"?

苏老师:关于这个案例,我去拍了幼儿的游戏表征,从幼儿的表达中可以看到三个男孩对于"蓝色"车的喜爱还是表征得很明显的,他们明确表示喜欢蓝色,所以我才有了刚才的说法。

金老师:看来苏老师的评价是有依据的。

苏老师:但我没有顾及周围环境、材料对幼儿的影响,这里确实做得不足。

钱老师:话说回来,除了看幼儿表征,我觉得也要分析幼儿的游戏行为和幼儿的情绪,倾听幼儿是为了了解幼儿、读懂幼儿,不然是不能感同身受的。

徐老师:也要倾听幼儿的心声。

许老师:这个我有发言权,那天我带班,游戏结束后,我让小朋友们进行分享。三个小男孩表示游戏玩得很开心，其实这三个男孩平时经常在一起玩，游戏中他们的专注、坚持是很好的品质，我能感受到他们玩得很尽兴。

主持人：他们说玩得开心，针对的是涂鸦的过程还是玩骑车这个游戏？

陈老师：幼儿涂鸦的过程也应该是我们关注的。

金老师：我们要怎么感同身受幼儿获得的快乐？或许游戏中幼儿的专注、坚持、笑容、满足等表现是重要的参考，但并不绝对，这需要我们认真思考。

主持人：是的，教研是为了讨论问题、剖析问题，没有对错，即使没有标准答案，相信大家在交流碰撞中也能有所收获。

互动3：你觉得评价和理解哪个重要？

周老师：其实评价和理解都重要，通过学习相信大家也认识到以前的评价有些主观了，习惯性拿着一些指标去对幼儿的行为进行评价，这是我们需要做出改变的。

陈老师：比如幼儿一个人玩的时候就主观评价他的社会性交往能力较弱，这是不行的。

李老师：对幼儿的评价，要通过各种途径的观察综合判断，不能以一件事或者一个片段来评价。

王老师：评价和理解缺一不可，评价是建立在我们对幼儿长期的观察和理解之上的，不是说今天让我们理解幼儿，我们以后就不能有一些评价，评价的前提是对幼儿有足够的观察与了解。

张老师：我们要静下心来观察幼儿、理解幼儿，当我们能感同身受幼儿的行为表现，与幼儿有了共同话题，充分了解幼儿后，才能客观进行评价。

（三）学习优秀经验

通过学习优秀经验，帮助教师树立在游戏观察中理解儿童游戏行为的意识。

邀请骨干教师分享自己的经验。

主持人：听完分享，你觉得感同身受幼儿的游戏需要我们怎么做？

梳理小结：①尊重幼儿、欣赏幼儿，认真观察幼儿。②想幼儿所想、听幼儿所说。③读懂幼儿、理解幼儿，客观评价幼儿。

六、教研实践

（一）践行"感同身受"的理念

在传统的教学模式影响下，教师往往充当知识的教授者角色，不相信幼儿是有能力的学习者。随着课程游戏化改革的不断深化，教师的观念在不断转变，逐渐学会放手，注重对幼儿游戏的观察，发现幼儿身上的学习能力。在后续的实践中，教师慢慢也在"感同身受"幼儿的游戏，理解幼儿的行动，探究幼儿内在的想法，不再以"教"的姿态来主导幼儿，而是以欣赏和理解的姿态来发现幼儿、欣赏幼儿、支持幼儿，促进幼儿的主动学习。在这样的理念带动下，幼儿与教师的关系也变得更加紧密，有效促进了师幼关系的良性发展。

（二）优化一日活动的组织

我们不仅在游戏中倡导"感同身受"，还注重优化一日活动的组织，从幼儿游戏中的观察、倾听和理解，逐渐扩展到一日活动各个环节，教师会感同身受每一名幼儿在不同活动中的行为表现，基于幼儿的需求及时采取适宜的策略来支持幼儿的主动学习，让一日活动的每一个环节都得到真实的改善和优化。

"感同身受"不是一句口号，而是我们优化教育教学行为的标杆。只有真正站在幼儿的立场，看见幼儿的真实需求，理解幼儿行为背后的原因，才能给予幼儿更加适宜的支持与帮助，构建更加和谐融洽的师幼关系，提升保教质量。

浙江省海宁市许村镇中心幼儿园 赵宇静

教研活动方案20：开发户外体育游戏材料

一、教研背景

在我园科研课题"自然资源中游戏材料的开发与运用研究"中，教师们开发出了许多富有家乡韵味的特色材料并运用于户外体育活动之中，深受幼儿的喜爱。但在活动的组织实施过程中，也发现了一些问题，如以竹制品的游戏材料为例：首先，我们根据竹子的特性开发出了竹棍、竹筒、竹圈、竹筛、高跷、莲厢、竹垫、竹推车、竹马、竹棒、梅花桩等一系列的户外体育活动材料，但对这些材料适合投放到哪个年龄层的班级缺乏一定的科学依据，教师在投放时比较容易忽视幼儿当前的运动水平及所要培养的动作发展目标，投放时具有一定的盲目性；其次，这些竹玩具作为一物多玩的材料，根据不同的年龄特点，对其玩法的开发还不够；最后就是教师对游戏材料价值的认识有待提升。有些教师常常在进行户外体育活动时，认为只要有游戏材料、能够玩就行了，对投放材料的功能、用途不清晰，对这些材料能引发幼儿什么样的活动、能促进幼儿哪些能力的发展缺少思考，使材料投放成为一种形式，材料促进儿童发展的价值大打折扣。因此，在户外体育活动中如何正确、科学、有效地运用各种游戏材料是我们面临并亟待解决的问题，于是我们开展了本次教研活动。

二、教研目标

1.通过开发户外体育活动中的游戏材料，了解其在开发和运用时须遵循的原则。

2. 通过本次教研活动，了解怎样运用合适的游戏材料达成教学目标。

3. 营造轻松、愉快的研讨氛围，加强教师间的团队合作意识。

三、教研形式

本次教研采用"问题再现—集体讨论—反思—经验总结—实战训练"的方式开展。

四、教研准备

1. 以竹子为原材料制作的游戏材料若干、辅助材料若干。
2. 参加研讨的老师根据主题查阅资料，结合工作经验梳理知识。

五、教研过程

（一）介绍现状，引出问题

主持人：丰富适宜的体育活动材料是幼儿进行户外体育活动的必要条件。本学期，我们的户外活动采用了一物多玩的方式，大家集思广益，选择了多种自然材料进行加工组合，创新游戏的多种玩法，各平行班实行资源共享，提高了优质资源的使用率，凸显出了"低成本高质量"的理念。我们都知道，户外体育活动中游戏材料既能引发幼儿主动积极地锻炼，还能有效发展幼儿其他方面的能力。然而，在开展户外体育活动时，我们发现教师对这些材料能引发幼儿什么样的活动，是否能促进每一名幼儿的发展缺少思考，失去材料促进幼儿发展的价值。现在就让我们带着问题去反思，期待看到大家智慧碰撞的火花。

教师陈述自己的困惑。

姚老师：我们在自制开发竹制玩具时，除了安全性、趣味性等很多共性的原则外，还有哪些需要注意遵循的教育原则呢？

沈老师：同一竹制玩具投放到不同年龄班，在玩法上有哪些不同的要求？

黄老师：我们以"竹子"为原材料，利用辅助材料进行加工和组合创新出材料的多种玩法，但是对投放到哪个年龄层的班级还有些疑惑。

（二）情景再现，集中研讨

主持人：老师们对户外体育活动中游戏材料的开发利用多多少少存在着疑惑，现在让我们看一下小、中、大班的游戏片段，然后分析讨论几个问题。

片段一：小班游戏

游戏材料：长度为70厘米的竹棍若干（利用酸奶瓶为辅助材料制作成高尔夫球棒）、纸球、皮球。

玩法：利用"高尔夫球棒"创设情境"幼儿骑马走—钻山洞—过小桥—两人合作抬轿子运西瓜—双脚并拢跳回家"。

① 骑马走：双手持竹棍，将竹棍夹在两腿中间双脚连续向前跳。

② 钻山洞：将竹棍悬挂至距离地面70厘米处，幼儿钻过障碍物。

③ 过小桥：将竹棍摆放成宽25厘米的平行线，幼儿在中间行走。

④ 抬轿子：两人前后站立，左右手同向各持竹棍一端，合作向前行走。

游戏设计原则：安全性、趣味性、多样性、游戏性、发展性。

片段二：中班游戏

游戏材料：竹棍。

玩法：幼儿进行跳、爬、走、跑的练习。

① 跳的技能：双脚并拢跳（双脚在竹棍两侧行进跳）、单脚连续向前跳（5米左右）、助跑跨跳（将竹棍摆成不少于40厘米的平行线）。

② 爬的技能：匍匐前进、手脚着地屈膝爬（竹棍悬起的高度约为60厘米，以身体各部位不碰到竹棍为准）。

③走、跑的技能：躲闪跑。

游戏设计原则：安全性、多样性、游戏性、趣味性、发展性。

片段三：大班游戏

游戏材料：竹筒（利用绳子、竹棍等将竹筒加工成高跷、梅花桩、哑铃等）。

玩法：玩多样的游戏。

①将竹筒有一定间隔地摆放成梅花桩，幼儿较平稳地在上面行走。

②将竹筒平行摆放，幼儿单脚连续向前跳8米左右。

③连续往返跳。

④踩高跷。

⑤避开障碍物S形绕跑。

⑥将竹筒垒高至30—40厘米的高度，幼儿助跑屈膝跳过。

⑦将竹筒悬挂在竹棍两边，举起竹棍持续约20秒。

⑧将竹筒放置1米外，幼儿将扣子投掷进入竹筒内。

游戏设计原则：安全性、适宜性、趣味性、挑战性。

主持人：上面三个片段都是以"竹子"为原材料设计的游戏，现在请大家对游戏的设计是否合理进行讨论。

金老师：大班游戏片段显示，在踩高跷的时候，平衡达到什么样的水平没有说明，小中大班使用的高跷的高度是一样的。

李老师：大班在锻炼平衡环节使用的材料不丰富。

彭老师：大班游戏片段中有从1米以外将扣子投掷进竹筒内的环节，这个设置感觉不合理，对个别能力强的幼儿或许可以。综合来设计的话，改用沙包进行投掷更合适些。

黄老师：中班片段中幼儿可使用的材料太有限，应该补充使用辅助材料。

金老师：幼儿体育锻炼主要是通过体育活动和体育游戏来完成的，中班片段中的游戏设计不够丰富。

黄老师：大班幼儿在活动中的挑战性体现在哪里？中班幼儿是不

是也可以完成?

朱老师：我们倡导的主题是一物多玩，小班和中班的主材料是竹棍，为什么大班竹棍变竹筒？感觉偏离主题了。

黄老师：设计中班游戏时是否考虑到安全性？多大的直径范围内，里面有多少个幼儿适合躲闪跑？

金老师：小班游戏设计有情境性这一点很好，但运西瓜回去时竹棍的作用是什么？小班幼儿的游戏水平发展到了什么阶段？

彭老师：不同年龄段的幼儿在游戏中都锻炼了跳，但没有讲清楚怎样在游戏中更好地利用竹棍让幼儿跳。

小结：通过情景再现，老师们集中讨论，发现问题、积极发言，这样的找问题、发现问题的过程，既是对他人案例的分析，也是对自身设计游戏能力的审视，能够使自身的认知不断得到提升。

(三) 实战训练，提高能力

主持人：在上一环节，大家对他人的案例进行评析的同时，相信能够反思自己设计游戏的合理性，相对地也提高了认识。现在我抛出一个主题，请大家分组来设计大班的户外体育活动，要求制定出活动目标、规则、玩法及过程，尤其需要体现游戏材料的综合利用。

教师们分成三组，按照要求设计活动。

各组派出代表就各自组设计出的活动方案进行介绍，尤其需要阐明所选材料的原因，作经验分享。

集体投票推选出最佳活动方案。

主持人：推选出的最佳活动方案，希望在日常的教育教学中能够得以实践。

小结：通过层层递进的学习，教师们提高了设计游戏的能力，也对游戏材料的开发与利用有了更深入的理解。

六、教研实践

(一) 材料开发的共性与适龄性

1. 共性原则

(1) 安全性原则：要求符合安全标准、卫生标准。

(2) 教育性原则：要求符合《纲要》《指南》的精神，鼓励幼儿积极主动地参与活动，有益于幼儿身心健康和全面发展。

(3) 科学性原则：要求符合幼儿身心发展的特点和水平，知识、概念与原理要正确、科学。

(4) 趣味性原则：要求材料来源于幼儿的生活，能激发幼儿的活动兴趣，符合幼儿的审美情趣。

(5) 简易性原则：要求能够就地取材，成本低廉，制作方法简单，使用方便。

(6) 创新性原则：要求构思新颖，能激发幼儿的想象力和创造力。

(7) 实用性原则：要求针对不同年龄段和发展特点的幼儿，有针对性地开发材料，提高材料的实用价值，以满足不同幼儿的需要。

(8) 可变性原则：要求提供可变化的材料，提高材料使用的效率，丰富活动的形式，激发幼儿参与活动的兴趣，使幼儿的各种运动能力都得到锻炼和发展。

(9) 功能性原则：要求材料不只是单纯的锻炼身体的工具，不仅可以在幼儿动作发展中发挥作用，也应该成为培养幼儿创造性和良好个性品质、发展合作能力的载体，让材料发挥出多种教育价值。

2. 适龄性原则

除了共性的原则之外，在开发和运用游戏材料时，我们还会根据幼儿不同的年龄特点和动作发展水平，遵循适龄性的原则和要求。如小班的游戏材料应以可推、拉、骑的器具为主，是能独自游戏的材料，而为中大班幼儿投放的材料主要是一物多玩的材料、能与其他材料组合改变玩法的材料、能与同伴合作游戏的材料、具有一定难度和挑战性的材料。我们也会投放难易程度不同的材料，供不同动作发展水平的幼儿选择。如幼儿在进行踩梅花桩的游戏中，有的幼儿积极参与，有的幼儿要在老师的搀扶下进行，还有的幼儿平衡能力较差、比较胆怯，不愿意参与，此时教师就应为幼儿同时提供高矮不同、大小不同的梅花桩，使每个幼儿都有锻炼的机会。另外，还应循序渐进地投放材料，逐步提高运动的强度和难度。如在投掷和抛接类的游戏中，可先投放面积大、容易投掷和接住的竹盘，再逐渐更换为面积小一些、投掷和接住都有一定难度的竹盘，对幼儿进行由易到难的锻炼，逐步提高幼儿对动作技能的掌握。

（二）始终以幼儿为主体

学习是主动建构的过程，幼儿积极主动地参与各种活动是以幼儿自身的兴趣和需要为基础的。教师只有充分利用幼儿的兴趣和需要，从幼儿出发来设计和组织户外体育活动，才能将幼儿的学习变被动接受为自主建构。为此，教师在开发和运用户外体育活动材料时，必须以"幼儿为本"。具体而言，教师要积极转变自身作为活动组织者、材料提供者的角色，积极主动地同幼儿展开友好合作，共同探讨，让幼儿充分发挥想象力和创造力，与教师一起搜集、设计、开发游戏材料。如我们经常带着幼儿或以家园半日活动的方式带着幼儿来到竹林，去自由寻找竹林里的"宝贝"，参观竹制品加工厂，欣赏巧妙精致的竹艺品，幼儿在主动寻找、搜集材料的过程中，不仅能认识到竹子的不同特性，而且通过主动寻找、构思、创作、运用材料的过程，极大地激发了幼儿自主参与户外体育活动的积极性，使幼儿成为活动真正的主人。

（三）让材料物尽其用

幼儿的认知特点决定了他们对物质世界的认识必须以具体的事物和材料为中介，所以游戏材料不仅要适合幼儿年龄特点和发展需要，还要充分挖掘其本体价值和蕴含的可能价值。如我们为小班幼儿提供了制作精细的竹环、竹马、竹推车等，因为小班幼儿年龄越小，对活动材料的逼真性要求越高。而对于中大班幼儿，我们则更多提供的是半成品的、低结构的活动材料，如竹棍、竹筒等。因为高结构的游戏材料具有较强的定向作用，会在一定程度上抑制幼儿的想象力，而低结构的游戏材料比高结构的材料更有助于中大班幼儿开展探索行为、象征性游戏和非刻板化的假装游戏，从而使其创造力、动手操作能力、合作能力和意志力都得到锻炼和发展。在户外体育活动中，活动材料伴随着幼儿的认识、创造和解决问题的过程，它实现的价值是多方面的。因此，教师应尽可能让每一种活动材料都体现多种价值，注意引导幼儿主动探索材料的多种玩法。

湖北省咸宁市直属机关幼儿园 阮琳

教研活动方案21：组织与开展户外游戏活动

一、教研背景

我园是一所乡村幼儿园，物资、教具比较单一、匮乏。教师们在带幼儿户外活动时，进行的方式比较单一化、机械化。而《纲要》中提出：培养幼儿对体育活动的兴趣是幼儿园体育的重要目标，要根据幼儿的特点组织生动有趣、形式多样的体育活动，吸引幼儿主动参与。针对现实问题，我们组织教师对户外游戏活动的组织与开展进行交流，了解她们的困惑与需求，然后组织相关主题的教研活动。通过教研活动，发散教师们的创新思维，设计多样化的游戏，在游戏中主动发现幼儿存在的问题，进而解决问题，使幼儿在丰富多彩的户外游戏活动中，增强体质，提高对环境的适应能力，锻炼幼儿走、跑、跳、钻、爬、投掷等运动能力，激发幼儿参加户外游戏活动的兴趣。

二、教研目标

1.提高教师教研能力与积极性，把寓教于乐和游戏的教学理念带入教研活动中。

2.充分理解和尊重幼儿发展进程中的个体差异，按照自身发展的速度和方式对标《指南》呈现的发展"阶梯"，支持和引导幼儿从原有水平向更高水平发展。

3.提高教师对活动材料"一物多玩"的意识，并能将形形色色的器械玩活、玩精，为幼儿自主游戏打造乐园。

三、教研形式

本次教研活动主要采用体验式教研形式，教师化身为"幼儿"亲身体验游戏，从游戏的体验中不断对情感、行为、事物进行内在的感受，获得较为有益的实践经验，然后经过不断地总结提升认知，才能够在设计游戏活动时更好地从幼儿的实际出发。在体验式教研中，"体验"是手段，"教研"是目的，"体验"要有目的、有计划，以"学习、实践、反思"为一体，加强教师对创新精神和实践能力的认识与理解。通过体验式教研，可以提升教师看待问题、发现问题、分析问题、解决问题的能力，从而形成"研"的意识，不断推动教师的专业成长。

四、教研准备

课件、纸、笔、热身游戏。

五、教研过程

（一）游戏热身，引出主题

1.播放音乐游戏"拍蚊子"来活跃氛围

由于是体验式教研，比较注重教师的内在感受，需要教师参与其中进行真实的体验。通过音乐游戏"拍蚊子"活跃教研活动气氛，调动教师的积极性，让教师在玩中教研、在教研中学习，感受幼儿在游戏中的愉悦心情。

2.提出问题

根据《指南》精神，在课程游戏化的背景下，请大家复盘幼儿此前积累的经验，各抒己见，交流在户外游戏活动中遇到的问题。

教师积极发言，教研组长进行问题梳理。

问题1：幼儿在游戏的玩法上比较单一，趣味性不强，幼儿兴趣不高。

问题2：教师组织幼儿户外游戏活动目标不够明确，幼儿只是单纯在玩，教师没有考虑幼儿的发展，幼儿需要在户外活动中提高哪些能力。

问题3：游戏材料匮乏，幼儿的选择不多。

问题4：游戏的设计有时不符合幼儿的年龄特点。

（二）聚焦讨论，设计游戏

主持人：课程游戏化的背景下，幼儿游戏的作用举足轻重，教师必须树立正确的教育观、儿童观和游戏观，提升自己的专业能力。上一环节我们梳理出了几个问题，有的问题是因为现实条件的限制，有的则是教师专业能力的不足，其实我们可以转换思路，着重提高专业能力，哪怕现实条件匮乏，总能想出破局之法。

园长根据大家在户外游戏活动中遇到的困难，结合幼儿的发展目标，梳理组织户外活动的技巧，尤其是一物多玩的开发，比如利用呼啦圈来一物多玩，可以单人玩、可以集体玩、可以合作玩……呼啦圈的创意玩法，不断激发了幼儿的兴趣和探索的欲望。

主持人：听了园长的分享，帮我们打开了思路，材料不足，可以另辟蹊径创造材料，并且材料还可以一物多玩，实现多重价值。现在我们以"轮胎"为材料，来讨论可以有什么玩法。

教师自由讨论，分享自己的想法。

陈老师：可以让幼儿玩滚轮胎，一人一个不拥挤。

秦老师：可以让幼儿2个人一组玩接力赛滚轮胎。

周老师：我们可以把轮胎当成障碍物，让幼儿跳或者爬。

郑老师：我们可以设置成一个大环绕的游戏，让幼儿循环爬行、跳、钻。

……

小结：经过教师们的集中讨论，我们探讨出了轮胎的多种玩法，如走、跑、跳、钻、爬、投掷、搬运、滚等，可以满足幼儿基本动作的发展，还可以体验游戏的乐趣。

主持人：轮胎被大家讨论出了这么多玩法，现在请大家根据不同年龄幼儿的发展目标，以轮胎为材料来设计游戏。

教师分组设计游戏，分为小班组、中班组、大班组。

设计完游戏，各组教师代表阐述游戏的设计理念，并把游戏过程作简单分享。

小结：通过大家的集中讨论以及分组设计游戏，教师们的思维得到进一步开拓，设计游戏的思路丰富起来。在交流、分享的过程中，教师的知识经验得以提高，看待问题、发现问题、分析问题、解决问题的能力也逐渐加强。

（三）体验游戏，感受成果

主持人：要充分理解和尊重幼儿的发展进程，最简单的方式就是亲身体验，这样才能做到换位思考、感同身受。上一环节我们分组设计了游戏，现在请大家扮成"幼儿"来模拟游戏，验证设计的游戏是否合理、有趣。

游戏一（小班）：

根据自己组设计的户外游戏图，进行环境的布置，然后教师按照规则进行游戏。

发现问题：滚轮胎时，排队等待的时间长。

解决方法：组内教师再次探讨，把轮胎换成了呼啦圈，呼啦圈也是常见的材料，轻便且易得。

游戏二（中班）：

根据游戏设计图创设游戏情境，教师进行玩法模拟。

发现问题：游戏情境的内容太多，整个游戏玩下来，教师们感觉到疲惫。

解决方法：集体游戏改为分组进行游戏比赛。

游戏三（大班）：

大班游戏是竞赛游戏，由于带着竞赛性质，参与者的精力都比较集中，都不想输掉比赛，完成得比较顺利。

发现问题：比赛结束，没有奖惩方法，没有很好地形成闭环。

解决方法：输的那组要接受惩罚——青蛙跳。

小结：教师模拟游戏，在体能、活动乐趣、秩序常规上有了自己的感受，就能够有针对性地进行调整，使游戏的设计趋于合理、有趣。在整体游戏中，教师体验感强、积极性高，不仅体验了游戏的乐趣，还从其中不断迸发出新的玩法和创意，并以幼儿喜爱的方式进行游戏设计。

（四）头脑风暴，盘点器材

教师们以头脑风暴的研讨方式，在一分钟之内对可对开展多样性游戏活动的户外器材进行统计。

小结：经过大家的研讨，统计出的器材有轮胎、呼啦圈、拱门、麻绳、跨栏、地垫、篮球、足球、球门、牛奶盒、三角锥、跳绳等。

六、教研实践

经过研讨学习，教师们打开了新思路，对材料投放和户外游戏的组织有了更多的思考，为后面支持各年龄段幼儿在户外活动中的学习与发展提供了支撑。

（一）游戏前与幼儿一起商定游戏内容

在游戏开始前，教师利用任务前置法与幼儿一起商定玩什么内容的游戏、应该达到什么样的锻炼目的，或者引导幼儿观察区域内增加了哪些新材料，新材料的增加可以用来设计什么游戏等。通过这样的方法，可以不断激发幼儿的创造力，从而使其积极主动地参与游戏。

（二）游戏中注意观察与引导

幼儿游戏虽然强调幼儿自主，但并不代表完全放手，要注意观察幼儿在游戏中的表现，了解他们的需求，能够及时发现幼儿的困难，给予帮助与支持，促使幼儿游戏能够顺利进行，并产生高水平发展的趋势。

（三）游戏后注重交流分享

游戏结束不代表就此翻篇了，我们会注重引导幼儿进行游戏后的交流分享，珍惜互相学习的机会。分享交流环节，幼儿不仅可以分享游戏过程中的收获与发现，还可以商讨游戏后续的规划与畅想，不断激发幼儿的潜能。

广西壮族自治区灵川县大圩镇中心校第二附属幼儿园　钟彩冯

教研活动方案22：
户外体育锻炼促幼儿身体发展

一、教研背景

《指南》指出：幼儿阶段是儿童身体发育和机能发展极为迅速的时期，也是形成安全感和乐观态度的重要阶段。发育良好的身体、愉快的情绪、强健的体质、协调的动作、良好的生活习惯和基本生活能力是幼儿身心健康的重要标志，也是其他领域学习与发展的基础。《纲要》也指出：开展丰富多彩的户外游戏和体育活动，培养幼儿参与体育活动的兴趣和习惯，增强体质，提高对环境的适应能力。可见，增强体质对幼儿全面发展的重要性。为此，幼儿园提出打造高质量户外体育活动的目标，要求各班按照常规按时组织户外体育活动。经过一段时间的实施，发现存在一些问题，基于安全问题不少班级不能按时组织体育活动，或者活动时间较短，或者活动内容幼儿不感兴趣，参与度不高。尤其到了冬季，随着气温变低，幼儿的户外体育锻炼出勤率明显下降。那么，如何组织既高效又受幼儿喜欢的户外体育活动呢？基于这个需求，我们开展了"户外体育锻炼促幼儿身体发展"的教研活动。

二、教研目标

1.明确户外体育锻炼的目的性，针对《指南》健康领域各年龄段幼儿的发展水平和本班幼儿的实际发展情况，制定科学适宜的户外体育锻炼目标。

2.通过案例分享，交流户外体育锻炼组织经验，梳理总结各种有效的活动组织形式，提升幼儿积极参加活动的主动性。

三、教研形式

1.学习研读：自由交流对高质量户外体育锻炼活动的理解，学习《指南》健康领域要点解读，了解健康领域发展指标有哪些，为教师制定户外体育锻炼目标提供依据。

2.案例分享：通过案例分享，梳理总结经验，整理有效的户外体育锻炼组织形式。

3.预设活动：依据《指南》健康领域要求，不同年龄段"同课异构"预设适合的户外体育锻炼活动。

四、教研准备

1.梳理分析收集的问题，确定研讨内容。

2.准备《指南》文件与相关解读的书籍。

3.准备好PPT、案例视频、记录纸。

五、教研过程

（一）自由发言：你认为什么样的户外体育锻炼是高效的

卢老师：自由自主的活动，需要给幼儿创设轻松的氛围，这样的户外体育活动是高效的。

孙老师：幼儿积极主动参与、身心积极投入，是高效户外体育锻炼的重要因素。

时老师：多数幼儿能达到锻炼的目标且受幼儿喜欢的活动。

宋老师：幼儿情绪愉快，运动量适宜，身体能达到锻炼目的。

小结：高效的户外体育锻炼，需要符合幼儿的年龄特点，活动中幼儿的状态是积极主动的、投入的，且能达到锻炼目的。

（二）问题导向，集思广益

1.抛出问题

（1）在活动中因材料数量不足或场地限制引起的消极等待该如何解决？

（2）组织户外体育锻炼时，如何避免教师高控现象的发生？

（3）用哪种形式组织户外体育锻炼能更好地促进幼儿的发展？

（4）如何把预设的目标渗透在户外体育锻炼中，让活动更有效开展？

（5）如果完全按照幼儿的意愿和兴趣进行体育锻炼，能否保证幼儿的运动能力和技能得到发展？

（6）如果因为安全因素，家长建议减少户外体育锻炼，该如何应对？

（7）冬季受天气影响，该如何调整户外体育锻炼？

2.集体研讨

教师根据抛出的7个问题进行集体研讨，形成有效的应对策略。

问题	应对策略
在活动中因材料数量不足或场地限制引起的消极等待该如何解决？	1.活动前根据幼儿数量尽可能准备充足的材料。 2.以物代物，只要能完成目标的器械都可以用，不一定是一种材料。 3.组织形式可灵活多样，比如分成若干小组进行活动，可减少消极等待。
组织户外体育锻炼时，如何避免教师高控现象的发生？	1.出现高控现象，主要原因是教师的教育观、儿童观需要改变，作为老师，我们应放下预期，相信幼儿是主动的学习者。 2.在组织活动时，采用开放的组织形式，让幼儿自行选择材料，教师将活动的目标含在材料中。如练习身体平衡和协调能力，可以投放平衡木、小高跷等材料。

（续表）

问题	应对策略
用哪种形式组织户外体育锻炼能更好地促进幼儿的发展？	1.根据活动内容选择适宜的组织方式，如拍球活动就可以选择自由自主的形式开展。 2.活动开展形式要符合幼儿的年龄特点，如大班的幼儿集体意识逐渐增强，喜欢竞赛活动，在组织活动时可以采用分组比赛的形式。
如何把预设的目标渗透在户外体育锻炼中，让活动更有效开展？	户外体育锻炼是有明确的目标要求的，根据预设的目标设计有效的组织形式，然后准备好所需的材料或器械。
如果完全按照幼儿的意愿和兴趣进行体育锻炼，能否保证幼儿的运动能力和技能得到发展？	如果完全按照幼儿的意愿和兴趣进行体育锻炼，不能保证运动能力和技能都能得到很好的发展。可以采用幼儿感兴趣的形式组织开展，如小班幼儿可以创设情境，赋予他们角色参加活动。或者引导幼儿向同伴学习，可以请能力强的幼儿带动更多的同伴参与活动，这也是幼儿的一条重要的学习途径。
如果因为安全因素，家长建议减少户外体育锻炼，该如何应对？	1.所谓不安全，是来自家长的经验和理解，应转变家长的观念，请家长入园体验户外体育锻炼，感受运动中幼儿获得的成长和快乐体验，明白幼儿参加户外体育锻炼的重要性。 2.组织体育竞赛活动，让家长看到幼儿的成长和发展。如开展亲子运动会，家长与幼儿共同参加竞技比赛，感受运动的魅力。 3.在家长群发布幼儿参与户外体育锻炼的活动视频，直观感受幼儿对体育锻炼的热爱。

（续表）

问题	应对策略
冬季受天气影响，该如何调整户外体育锻炼？	1.做细做足户外体育锻炼前的准备工作，如提醒幼儿穿厚度适宜的衣服参加活动，或者出活动室前做好"三搓"——搓脸、搓脖子、搓额头。 2.增加跑操环节，先让幼儿的身体热起来，做好热身运动。 3.如果天气很冷，可以在温度较高的午休后进行活动。

（三）案例分享，提升专业能力

主持人：除去其他因素的干扰，教师更应该注重专业能力的提升，设计出符合幼儿发展的且受幼儿喜爱的活动，让幼儿在活动中保持持久的积极性、主动性，在体验体育锻炼乐趣的同时达到运动目标。下面我们请大中小各年龄段的代表老师来分享她们的案例，大家做好学习笔记。

1.大班老师代表的分享

（1）图解观点：尊重幼儿兴趣，设计符合幼儿最近发展区的目标，采用灵活多样的形式，让幼儿根据自己的兴趣自行选择游戏内容。在自由自主的氛围中，组织不同形式的游戏，跳跃类如跳绳、单双脚跳；跑步类如小推车、接力跑；球类如花样拍球、连续拍球、跨越障碍物运球等。

（2）分享游戏视频：①呼啦圈跳跃；②花样拍球。

（3）学习研讨，交流学习心得。

小结：将自主游戏理念渗透进户外体育锻炼中，幼儿乐于参与，并与材料充分互动，既体验了游戏的快乐，又达到了锻炼的目的。

2.中班老师代表的分享

（1）图解观点：活动材料是保障幼儿积极参与活动、达成锻炼目标的关键因素，一物多玩的活动形式，不仅可以让幼儿与材料充分互动，也可以激发幼儿的想象力与创造力。

（2）分享游戏视频：①滚小猪；②毛毛虫；③圆圈舞。

（3）学习研讨，交流学习心得。

小结：①滚小猪：锻炼幼儿的手眼协调、全身心运动、方向感，并能照顾到个体差异。②毛毛虫：锻炼幼儿的手部抓握力量和集体意识。③圆圈舞：游戏中加入了音乐，可以很好地锻炼幼儿的动作灵敏性和反应能力。

3.小班老师代表的分享

（1）图解观点：根据幼儿年龄特点选择活动内容和形式，抓住幼儿的兴趣点，选择的器械适合本班幼儿的发展需求。

（2）分享游戏视频：小青蛙捉害虫。

（3）学习研讨，交流学习心得。

小结：小班幼儿喜欢情境游戏，经常把自己想象成其中的角色，而小青蛙捉害虫就有效利用了这一点，所以能够充分调动幼儿参与活动的积极性。该游戏的设计充分依据《指南》，了解小班幼儿动作的发展水平，目标设计很有针对性，然后对班级幼儿进行观察，了解班级幼儿跳跃动作的发展状况，有针对性地训练动作技能，并通过同伴间的互相学习，达到预设的目标。

（四）依据《指南》预设活动

1.采用轮读的方式，学习《指南》健康领域解读要点，明白健康领域对于幼儿发展的价值，了解"身心状况"与"动作发展"两个子领域对各年龄段幼儿发展水平的导向描述。

2.预设活动：请教师针对中班幼儿关于"助跑跨跳过一定距离，或助跑跨跳过一定高度的物体"这一目标要求设计户外体育活动。

马老师：可以提供低结构材料易拉罐，通过垒高易拉罐，带领幼儿开展跨跳练习。

张老师：可以投放万能工匠和垫子等材料，搭建出锻炼器材，然后带领幼儿进行技能练习。

小结：户外体育锻炼对于幼儿来说不仅能够锻炼身体，而且能够促进各项能力的发展，我们要在日常活动中不断实践、反思，让幼儿在愉快的游戏中得到切实的锻炼。通过头脑风暴，大家各抒己见，高质量的户外体育锻炼要做到：①要有目标意识，依据《指南》与班级幼儿实际发展水平制定适宜的梯段目标；②提供适宜的活动材料支持幼儿活动，将目标暗含在材料中；③活动的组织形式要灵活，并注意幼儿的个体差异。

六、教研实践

（一）按需研讨，解决实际问题，不断提高专业性

各班要按照提出的要求组织户外体育活动，在实践中户外体育活动的形式丰富起来了，选择的材料也多元化了，幼儿的参与度也提高了。但没几天，有的班级践行时就出现了敷衍现象，比如固定的活动模式让幼儿出现了倦怠现象，教师的思路仍不够开阔。针对此情况，我们规定在每周的周四组织观摩研讨活动，每班必须派出两人参加观摩活动，用来解决实际工作中的问题。接着再组织全园教研，共同研讨、总结经验与收获，并提出下一步实践的方向。

伴随着不断的实践反思，户外体育活动的质量逐渐提高，各班的活动都能让幼儿达到锻炼的目的。每天看到幼儿们活动中矫健的身姿，以及活动后红扑扑的小脸蛋儿和额头上的汗珠，就很有成就感。每次组织研讨，教师们也能对自己的实践经验侃侃而谈，掌握了一定的组织活动的方式方法，但追问设计缘由时，总会有些老师答不上来。我们分析问题产生的原因，有可能教师过于注重活动的组织形式，目标意识有待加强。

为了让教师意识到组织的活动不仅要有意思还要有意义，我们展

开专题研讨,加深理论学习、提高目标意识,吃透《指南》,制订出可执行的学习计划,不断提高教师的专业性。

(二)撰写案例,反思提升,经验推广成常态

在推行"高质量户外体育活动"过程中,我们遵循着"提出要求—观察活动—找出问题—分析解决—再提要求"的思路逐步开展。只有扎实实践,解决真问题,才有真效果。我们很注重发挥教研的引领作用,让教师们通过观摩、研讨,知其然知其所以然。从转变观念到落实行动,做明白的人、做专业的教师。

随着幼儿园的发展,园所不定期会进一些新人,我们很注重对教学研究成果的保护与推广,为了便于存档,编写的案例、文字材料等都会精心整理成文档,由专人负责保管,这些对于新人的学习都是很好的素材。

我们也会继续坚持以幼儿为本的治学宗旨,让每名幼儿快乐健康成长是我们努力的方向,我们的教学研究成果不仅要在园内普及,也要积极向同行推广,为高质量发展学前教育贡献力量。

山东省邹平市实验幼儿园 刘红梅

教研活动方案23：
户外混龄游戏高质量发展

一、教研背景

《评估指南》A3教育过程B7中第21条指出：以游戏为基本活动，因地制宜为幼儿创设游戏环境，提供丰富适宜的游戏材料，支持幼儿探究、试错、重复等行为，与幼儿一起分享游戏经验。我园的户外场地主要分为三大板块，包含了大型器械滑梯区、沙水区、足球区、平衡区、钻爬区、跑跳区等。通过场地的功能、材料、场域的特点，我们开启了混龄游戏前的材料盘点与户外整理课程，以级组为单位进行片区式混班户外活动，两周一交换场地，制定不同年龄段的场地安排表、游戏设计表。但是随着混班式户外活动的开展，问题不断突出，幼儿自主被局限化、老师工作烦琐化、游戏内容无趣化。为了能打造有质量、往高质量发展的户外混龄活动场，挖掘户外混龄的教育价值，我们确立了聚焦于解决问题的"户外混龄游戏高质量发展"教研主题，意在以真问题为突破口，开展"阶梯式"教研，逐步推进形成解决问题的策略。从混龄活动前的审、思、研到混龄活动中的追随、支持、放手，我们循序渐进，形成园本教研经验与策略，稳推户外混龄向高质量发展。

二、教研目标

1.通过班级案例、研讨等方式，了解幼儿在户外混龄活动中容易出现的问题，商量应对的策略与方法。

2.进一步明确不同年龄段的运动经验与发展指标，帮助幼儿掌握运动技能。

3.观察与反思幼儿的户外混龄行为，调整与推进，助力户外混龄活动的有趣、有序开展。

三、教研形式

集体研讨、骨干教师领读、教师自由发言。

四、教研准备

1.教师提前了解教研内容和重点，自学相关理论书籍。

2.调查问卷、专家讲座视频、游戏案例视频、纸笔、电子设备、PPT。

3.《指南》《评估指南》纲领性政策文件。

五、教研过程

（一）分析问卷数据

主持人：为了支持幼儿在户外混龄活动中深入学习与发展，我们聚焦户外混龄推进中的重点问题，请大家认真研讨，扎实推进与落实户外混龄活动高质量发展的教学目标。

PPT展示前期针对一线教师展开户外混龄活动的问卷调查。

主持人：从这些问卷调查中，我们发现老师有很多困惑与顾虑，如材料盘点焦虑、幼儿安全焦虑、老师点位焦虑、活动组织焦虑，基于老师们的焦虑，本次教研确定了4个需要突破的点，请大家思考。

突破点1：户外混龄活动有哪些价值？

要点：

①谈谈对户外混龄活动的认识。

②混龄于幼儿户外活动有何意义？

③混龄于教师的发展有何意义？

④ 教师如何有效组织户外混龄活动？

突破点2：如何设置户外混龄活动的安全机制？

要点：

① 户外混龄游戏中可能存在的安全问题有哪些？

② "大带小"能否促进幼儿的混龄游戏安全？

③ 合理规划游戏内容能否保障安全？

④ 运动技能的发展能否保障安全？

突破点3：户外混龄游戏前应该进行什么准备？

要点：

① 幼儿的水杯点位如何安排？

② 幼儿的衣物如何安排？

③ 幼儿的手环何时佩戴？

④ 幼儿的操点如何安排？

突破点4：户外场地器械的盘点与活动如何组织？

要点：

① 场地与器械使用的适宜性怎么样？

② 如何让幼儿参与器械盘点？

③ 如何保障游戏玩法的趣味性？

主持人：请大家就这些问题展开讨论，并分享看法。

陈老师：关于户外混龄活动幼儿的前期准备，我觉得幼儿的需求是我们要首要考虑的，比如幼儿户外的生活行为，喝水、休息、穿脱衣物等，需要与幼儿提前商量并讨论出适宜幼儿、方便幼儿拿取的位置。

钱老师：关于陈老师的考虑我很认可，通过日常观察可以总结出，幼儿在某一户外场地活动时很少喝水，所以我觉得，是否可以有一个固定时间，用音乐来提醒幼儿在户外饮水，也能够让运动量大的幼儿适时休息。

周老师：器械的盘点与运动场域的划分也很重要，我们可以组织幼儿分享交流，讨论喜欢在户外场地玩什么，对照运动经验划分体能区、综合区、学习区等，只有将幼儿的想法收集起来，并加以组织运用，才能将游戏真正地还给幼儿。

小结：通过问题讨论，我们初步分析了户外混龄活动开展中要面对的问题，大家积极发言，拓展出一定的思路，为接下来的多元研讨提供了支撑。

（二）观摩专家讲座

主持人播放提前准备好的专家讲座片段，教师认真观摩。

集体研讨，分享交流。

分组进行经验梳理，及时留存研讨过程中形成的纸质文档。

小结：通过观摩专家视频，提高教师对开展户外混龄游戏的认知，再次聚焦问题引发教师反思与研讨，改善教师的教学行为，提升教师的反思意识和解决问题能力。

（三）研读政策文件

主持人：为了使教师在户外混龄活动的开展时更具有方向性、系统性和有效性，提升教师的客观分析能力、活动反思能力、活动支持策略等，充分发挥教师的主体性，本次教研活动将儿童的行为、兴趣与需求及遇到的问题或困惑作为研讨的重点。现在请大家结合《指南》《评估指南》，对标对点解读分析，加强理论指导。

教师自主阅读《指南》《评估指南》。

骨干教师重点领读《指南》《评估指南》中的重要观点。

为了充实教师的理论知识，使他们能自行解惑，邀请教师推荐、分享自己读过或在读的相关专业书籍，为教师搭建知识储备的"最近发展区"。

小结：在教研活动现场，教师们结合《指南》《评估指南》相关文件，对幼儿的学习与发展情况进行分析，同时结合对推荐专业书籍的学习，大家集思广益，提出了适宜的教育建议或支持策略，优化了户外环境的创设技巧和户外混龄活动内容的选择方法。

（四）以儿童视角谈混龄活动

主持人："儿童视角"通常是指成人在了解儿童的特点和兴趣的基础上对其认知、经验和行为的理解，是成人在尽可能接近儿童的经验之后所获得的"对儿童的理解"。如何让教师在户外混龄活动指导策略中始终坚持儿童的立场呢？请大家集体讨论。

万老师：我觉得户外环境的创设与支持要站稳"儿童立场"。游戏是幼儿的运动场也是学习场，我们可以组织幼儿按照自己的想法组织游戏器械，而不是教师包办组织器械或者是提供一个一成不变的游戏器械场地。我们应该放手让幼儿来思考与规划自己的游戏场。为了能保证游戏的时间，我觉得可以在户外分享交流或者下午的自主时间提前规划与思考，做好游戏计划，提高户外游戏质量。

管老师：站稳"儿童视角"离不开老师对幼儿户外行为的观察，我们通过观察，对照常规，反思幼儿的行为，从看见幼儿的行为到理解幼儿的行为，从一个幼儿的游戏行为转变到一群幼儿的行为，在理解、看懂后，支持幼儿的游戏行为，帮助幼儿进行深度探究。

小结：转变教师视角的一个良好途径就是"让教师成为儿童"，在探讨中教师们从对游戏材料的分析到游戏材料的多样玩法，能够想到有意识地设计、指导混龄活动，对"儿童视角"的意识逐渐清晰，本次教研活动帮助教师了解儿童行为背后的学习经验和可能发展的经验指标，从而理解儿童的行为并成为儿童游戏的共情者。

（五）优秀游戏案例分享

主持人：经过理念的提升、专业知识的储备，教师们意识到从"控"到"放"的重要性，现在请大家欣赏经过层层筛选出来的优秀游戏案例，思考教师如何更好地践行从"控"到"放"，从而让幼儿的学习与发展更深入发展。

裴老师：老师的"控"会扼杀幼儿的兴趣，而"放"、怎么"放"

是值得我们深思的,我们要始终追随幼儿的兴趣,发展幼儿的自主性,支持与帮助幼儿的学习与发展。

高老师:说到教师的"放手",我想到了我班的户外点位有一个器械是油桶。小朋友很喜欢站在上面但又很害怕,需要教师扶着才敢上去试一试。可是一对一的看护会让我疏忽了周边幼儿的游戏安全,于是我就和幼儿一起讨论并搭建了一个前后封闭式的攀爬架,并用梯子做平衡扶手,支持幼儿短距离的油桶平衡走。从这件事情以后,我发现"放手"也是和幼儿一起发现问题、解决问题的过程。

小结:经过不停地探寻,我们发现问题、解决问题,不断提高认知。而通过学习优秀游戏案例,不仅让教师内化理论,还提供了学习他人经验的方法,让教师看见了儿童在游戏中的需求与思考,理论结合实践来达到专业成长的要求。户外混龄活动的深入开展,需要教研活动的有力支持,我们只有不断学习、坚持反思、勇于创新才能更好地为课程改革服务,才能提出更适宜的儿童学习与发展的支持策略。我们将继续做真、做实、做细每一次学习机会,形成螺旋上升的学习循环,助推户外混龄游戏活动向高质量发展。

六、教研实践

(一)制定观察量表,看见儿童

观察记录是教师看见儿童、读懂儿童、支持儿童的首要技能,在日常观察幼儿游戏时,我们要求教师做好观察记录,便于后期就儿童的行为进行剖析,也便于针对各户外活动场域儿童可能生发的经验或指标进行研讨,预梳理科学可行的户外混龄观察量表,对儿童的游戏行为进行观察与评价。并通过每次对教师观察量表的研讨与儿童行为的反馈,不断调整观察量表。

(二)多元形式评价,看懂儿童

评价是支持幼儿自主探究、走向深度学习的动力系统。为了能够与儿童同频,共情分享,我们通过一对一倾听、户外分享交流等方式解读儿童的行为。并结合幼儿作品记录法、同伴评价法、教师参与式评价等方式看懂儿童的游戏思维图示，准确把握儿童的发展水平，给予幼儿适宜的支持，助推幼儿的持续发展。

（三）成立课题组，深入研究

课题研究是为了能够将儿童在户外混龄游戏中的问题进行深入的剖析和反思，对儿童的学习与发展做出科学的评价，寻求更有效支持策略的一种形式。我们会将复杂的问题或儿童共性问题作为研究内容，制订课题研究计划，围绕同一专题多次反复研究，探究幼儿支持策略，形成有效的经验，在提升教师观察与反思能力的同时，进一步支持儿童更深入的学习和发展。

江苏省常州市新北区孟河实验幼儿园 陈一飞

教研活动方案24：
设计与组织幼儿足球游戏

一、教研背景

《中国足球中长期发展规划》将幼儿园明确纳入了校园足球体系，《教育部办公厅关于开展足球特色幼儿园试点工作的通知》也要求各省级教育行政部门要加强分类指导，遵循幼儿年龄特点和身心发展规律，坚持以游戏为基本活动，带动校园足球深入发展。我园积极响应国家的指导要求，以游戏为基本活动，每学期均开展足球课程。但由于我园教师对足球运动的关注不够，也未开展深入的相关研究，面对日常开展的幼儿足球活动中出现的各种问题，缺乏应对方法。基于教学需求，我们开展了本次教研活动，提高教师自身的理论知识；同时基于幼儿的兴趣设计出适合大班幼儿的足球系列游戏，提高幼儿的身体素质，培养幼儿的团队合作精神和比赛意识。

二、教研目标

1. 加强领会政策，促进教师对组织大班幼儿足球游戏的深入理解。

2. 加强理论学习，领悟教育理念，并将理念运用到教育实践活动中。

3. 分析案例，全面剖析目前大班幼儿足球游戏活动中存在的问题，研讨解决策略，优化活动组织，提升教师专业发展。

三、教研形式

1. 政策研读：通过学习多个政策文件精神，梳理学习心得。

2. 交流分享：基于政策文件精神，交流对大班幼儿足球游戏活动的看法，促进教师进一步理解开展大班幼儿足球游戏活动的重要性，提升教师对大班幼儿足球游戏的设计理念。

3. 分组研讨：根据大班幼儿日常足球游戏的不同案例，剖析其中存在的问题；以现场观看大班幼儿足球游戏视频的形式进行小组研讨，集思广益，促进教师创设多维度足球游戏。

四、教研准备

1. 前期准备：教研活动公告、政策研读通知、学习心得收集。

2. 现场准备：电脑设备、政策文件、案例素材、活动材料（纸和笔）。

五、教研过程

（一）领悟政策，了解幼儿足球

交流解读政策中的幼儿足球，进一步明晰政策文件中的精神，了解幼儿园足球运动的含义。

主持人：根据习近平总书记关于振兴中国足球"从娃娃抓起、从基层抓起、从基础抓起"的重要指示精神，全国青少年校园足球工作领导小组办公室严格遵循幼儿身心发展特点，把握幼儿足球发展规律，保护幼儿的好奇心和学习兴趣，持续、科学推进3—6岁儿童足球活动。而在《3—6岁儿童足球活动负面清单》中也提出了8条禁止性规定。在政策背景下，我们如何开展大班幼儿足球游戏活动？

教师自由发表看法。

小结：大班幼儿足球游戏旨在通过足球运动，结合趣味性的游戏元素，促进幼儿身心全面发展。它不仅能够帮助幼儿锻炼身体，提高身体素质，还能在游戏中培养他们的团队协作意识、规则意识和竞争意识。大班幼儿常以自我满足为目的在户外活动中自主自发地开展足球游戏，而教师以促进幼儿发展为目的，也常有目的、有计划地开展大班幼儿足球游戏。

（二）分组研讨，献计献策

主持人：足球游戏以足球为主要器材，借助其他辅助器械以达到培养幼儿对足球运动的兴趣、掌握基础的足球文化知识和足球技能的游戏活动。足球游戏有助于幼儿大脑智力发育、身体协调性、身体机能发展以及心理塑造，是幼儿喜欢的、自主参与的、有教育意义的、唤醒原有经验的、互动性、竞技性户外体育游戏活动。现在请大家分组交流以下问题。

问题一：如何设计大班幼儿足球游戏？

问题二：如何组织大班幼儿足球游戏？

问题三：组织大班幼儿足球游戏要注意哪些因素？

教师组内研讨，派代表发言。

陈老师：设计大班幼儿足球游戏时，要基于幼儿现阶段发展水平，还要充分考虑幼儿的身体特点、心理需求以及游戏的趣味性和教育性。主要包括"重趣味、轻技能""创意与多样性""自主性与规则简化""注重合作与团队精神""与其他领域互相渗透""安全保障"六个方面。

王老师：组织大班幼儿足球游戏时，要把握以下几个方面：游戏目标、游戏内容、游戏准备、游戏过程、游戏反思。

李老师：组织大班幼儿足球游戏时，需要注意以下几个因素：安全性、适龄性、规则与纪律、团队合作与比赛意识、游戏准备与物资、热身与放松、教育与引导。

（三）案例研讨，提高专业性

1.案例研讨：大班幼儿足球游戏"射门对抗赛"

案例描述：户外活动时，慧慧说："我们来比赛吧，分成两队，看谁踢进的球多谁就赢。我去把灏灏叫过来，让他来当守门员。"灏灏来了以后对慧慧说："我不想当守门员，守门员太没有意思了。"慧慧想了想开口说："那我来当守门员吧。"说完以后各自到达自己的地盘。一切就绪，游戏便开始了。两队小朋友充满了热情，奋力奔跑，努力传球、射门，争取为自己的队伍赢得更多的分数。慧慧站在球门前，全神贯注地盯着场上的每一个球。虽然她之前并没有当守门员的经验，但凭借着自己的反应速度和灵活的身手，成功地拦截了对方多次射门。每当她成功扑救一次，队友们都会为她欢呼鼓掌，这让她更加坚定了自己当守门员的决心。比赛进行得如火如荼，两队之间的比分交替上升。就在这时，对方又要射门，球像离弦的箭一样飞向球门，速度极快。就在所有人都以为这球必进无疑的时候，慧慧却突然一个鱼跃扑救，将球稳稳地抱在了怀里。队友们见状纷纷跑来庆祝，而慧慧也露出了灿烂的笑容。

交流互动：案例中你看到了什么？案例中的亮点和有待改进的地方是什么？

任老师：从案例中我看到了慧慧的优秀品质，她发起的游戏，当队友不想做守门员时，她能够挺身而出，并且在做守门员的时候尽心尽责，很棒。

李老师：我看到了幼儿们的团队合作意识和集体荣誉感，在比赛中相互信任、配合，共同为团队目标而努力。

邱老师：幼儿射门的时候能先观察场上情况，找到最佳传球对象和射门机会，这表明幼儿在游戏中逐渐培养了策略思维和观察能力，能够根据实际情况调整自己的行动。

王老师：我看到了幼儿们坚持的优良品质，没有进球不气馁而是继续努力，这种面对失败还能够坚持不懈的精神是值得我们学习的。

陈老师：有待改进的地方就是规则解释和沟通方面，在游戏开始前，团队应该更清晰地解释比赛规则和角色职责，以减少误解和冲突。

温老师：当灏灏不愿意当守门员时，可以引导他表达感受并寻找解决方案，而不是简单地满足他的要求。

吕老师：在场教师可以适时介入提供专业的指导和建议，帮助幼儿更好地发挥。

2.案例研讨：大班幼儿足球游戏"趣味足球赛"

案例描述：户外阳光正好，幼儿们聚集在足球场上，准备进行一场竞争激烈的足球游戏比赛。今天的规则很简单：看哪个小朋友能最先将球踢进球门。首次尝试，祺祺与他的小队成员们满怀信心地走上球场。由于是第一次合作，小朋友们之间的默契还不足，传球时总是出现偏差，导致球始终无法准确传到队友脚下。尽管大家积极跑动，但总是因为传球不到位，而未能将球踢进球门。看到幼儿们的努力和失落，教师及时上前，耐心地为他们讲解了传球的要领和团队合作的重要性。幼儿们听得津津有味，纷纷表示要再次尝试。第二次比赛开始了，祺祺和他的小队成员们明显更加默契。祺祺在接到球后，仔细分析场上情况，然后快速做出判断，及时传球，为进球争取机会。

小组交流：案例中教师的介入是否合理？案例中的亮点和有待改进的地方是什么？

沈老师：案例中的教师在幼儿们遇到困难时及时上前指导，为他们讲解了传球的要领和团队合作的重要性，这种及时的反馈和指导对于幼儿们的成长是很关键的。

侯老师：在第二次比赛中，幼儿们明显更加默契，能够更好地配合队友，这种团队合作的改善是案例中的一个亮点。

杜老师：有待改进的地方是技术训练的加强，幼儿们在传球和射门方面还存在一些技术问题，需要加强训练以提高技能。

郭老师：教师可以为幼儿讲解更多的策略和战术，帮助他们更好地理解比赛和制订有效的计划。

（四）实操演练，归纳总结

把教师分为五组，通过抽签选取游戏视频。

各组推选出代表分享游戏视频的内容。

集体互动：借助《指南》《评估指南》评价视频中幼儿的游戏行为、师幼互动情况，分析幼儿的学习与发展、教师的教育行为与优化策略。要求各小组将视频中幼儿的学习行为和教师的教育行为用表格或导图的形式进行记录。

主持人梳理大班幼儿足球游戏的设计五要素、大班幼儿足球游戏的设计框架、组织大班幼儿足球游戏的注意事项，形成电子文档留存。

大班幼儿足球游戏的设计五要素

重趣味、轻技能（循序渐进）	游戏设计应更多地关注活动的趣味性，而非技能的掌握程度，可以通过有趣的游戏情节和角色扮演，吸引幼儿积极参与。
创意与多样性	1.鼓励幼儿创意地玩足球游戏，例如使用废旧报纸或其他物品作为足球的替代品，引导幼儿发挥想象力。 2.设计多种不同的游戏形式，如足球接力、足球寻宝、足球运输等，以保持游戏的新鲜感和吸引力。
自主性与规则简化	1.允许幼儿自主选择游戏方式和材料，鼓励他们在游戏中发挥主动性。 2.游戏规则应尽量简单易懂，以便幼儿能够迅速理解并遵守。
注重合作与团队精神	1.在游戏中强调团队合作的重要性，引导幼儿学会分享和合作。 2.可以设置团队比赛，让幼儿在比赛中培养协作能力和比赛意识。

(续表)

与其他领域互相渗透	在游戏中融入其他领域知识，如音乐、语言、艺术等，以促进幼儿的全面发展。例如，可以设计与足球相关的歌曲或故事，让幼儿在唱歌或听故事的过程中了解足球文化。

大班幼儿足球游戏的设计框架

游戏目标	1.学习基本的足球技能，如传球、射门、控球等，提高幼儿的身体协调性和反应能力。 2.培养幼儿的团队合作能力和比赛意识，学会遵守规则和尊重对手。 3.激发幼儿对足球活动的兴趣，促进幼儿个性发展。
游戏内容	1.足球基本技能：如传球接力、控球比赛等，通过简单的游戏形式，让幼儿熟悉足球的基本技能。 2.团队合作游戏：如足球接力赛、足球搬运等，通过团队合作完成游戏任务，培养幼儿的团队协作能力。 3.趣味足球比赛：可以组织小型趣味足球比赛，让幼儿体验比赛的氛围，学会遵守比赛规则和尊重对手。
游戏准备	1.场地准备：选择平整、宽敞的场地，确保游戏的安全性。在场地四周设置障碍物或标志线，标明游戏区域。 2.器材准备：准备足够的足球、球门、标志锥等器材，确保每个幼儿都能参与游戏。同时，确保器材的安全性，避免尖锐或硬质的边角。 3.幼儿准备：在游戏开始前，组织幼儿进行热身运动，如慢跑、拉伸等，以减少运动伤害的风险。
游戏实施	1.游戏规则讲解：在游戏开始前，向幼儿讲解游戏规则和注意事项，确保每个幼儿都能理解并遵守规则。 2.分组与角色分配：根据幼儿的能力和兴趣，进行合理的分组和角色分配。每个小组应包含不同能力的幼儿，以促

(续表)

游戏实施	进团队合作和互相学习。 3.游戏介入与指导：在游戏过程中，教师应密切关注幼儿的表现和安全状况，及时给予指导和帮助。同时，教师应鼓励幼儿积极参与游戏，提高他们的自信心和兴趣。
游戏结束	1.总结与反思：在游戏结束后，组织幼儿进行总结和反思，让他们分享游戏体验和感受。同时，教师也可以对游戏进行点评和反思，总结经验教训，为下次游戏提供参考。 2.放松与整理：在游戏结束后，组织幼儿进行放松活动，如深呼吸、拍打身体等，帮助他们恢复体力和精神状态。同时，整理游戏器材和场地，保持环境整洁。

组织大班幼儿足球游戏的注意事项

安全性	1.确保游戏场地平整、无障碍物，并避免在潮湿或有水洼的场地进行游戏，以防幼儿滑倒或摔倒。 2.游戏前，要对幼儿进行安全教育，确保他们了解基本的足球安全知识和自我保护方法。 3.准备充足的足球和器材，并确保其安全性，避免使用过于尖锐或易碎的器材。 4.游戏中教师合理分工站位，以保障幼儿的安全。
适龄性	1.游戏内容和难度应符合大班幼儿的身心发展特点，避免过于复杂或超出幼儿能力范围的活动。 2.足球游戏设计应注重趣味性，通过简单的游戏情节和角色扮演吸引幼儿积极参与。
规则与常规	1.在游戏开始前，应向幼儿明确游戏规则，并解释其目的和意义，培养他们的法治观念和遵守规则的习惯。 2.在游戏中，要求幼儿尊重对手以及裁判的决定，避免因为好胜而引发不愉快的事情。

(续表)

游戏准备与物资	1.在游戏开始前，准备好足够的足球、球门、标志锥等器材，并确保其完好和安全性。 2.布置好游戏场地，设置障碍物或标志线，明确游戏区域。 3.准备急救箱等应急物资，以应对可能发生的意外情况。
热身与放松	1.在游戏开始前，组织幼儿进行热身运动，如慢跑、拉伸等，以减少运动伤害的风险。 2.游戏结束后，组织幼儿进行放松活动，帮助他们恢复体力和精神状态。
教育与引导	1.通过足球游戏，引导幼儿学习足球知识和技能，培养他们的兴趣和爱好。 2.在游戏中，注重培养幼儿的大胆、自信、坚韧和果敢等品质，让他们在游戏中学习和成长。

小结：本次教研活动旨在提升教师的足球游戏设计与组织能力，在组织大班幼儿进行足球游戏时，要注意培养幼儿对足球运动的兴趣，促进其足球技能的发展。通过教研活动，我们期望能探索更多适合大班幼儿的足球游戏，优化教学方式，提升教学质量。

六、教研实践

（一）理念引领，理论筑基

1.深入学习专业理论

（1）维果茨基"最近发展区"理论

最近发展区是指"儿童独立解决问题的实际发展水平与在成人指导下，或在有能力的同伴合作中解决问题的潜在发展水平之间的差距"。教学内容要稍微领先于儿童当前发展水平，更有利于促进儿童发展。基于"最近发展区"理论，足球游戏的设计应关注幼儿自身的发展水平，游戏内容稍微领先于幼儿的当前发展水平，以便促进幼儿的全面发展。

（2）建构主义学习理论

建构主义者提出了"情境性认知"，强调学习、知识和智慧的情境性，认为知识是不可能脱离活动情境而抽象存在的，学习应该与情境化的社会实践活动结合起来。基于"建构主义学习"理论，足球游戏的设计应关注幼儿的合作性，通过创设适宜的游戏情境激发幼儿的兴趣。

（3）具身认知理论

具身认知理论认为，人是通过身体与世界的互动，通过身体对客观世界的作用而产生知觉和认识世界的，它强调学习过程是认知、身体和环境的动态统一过程，是全身心参与的过程。基于"具身认知理论"，足球游戏目标的设定和环境的设计、内容的组织与规则的设立都要有利于幼儿的身体活动与发展需求，才能真正发挥幼儿在活动中的主体性和体验性，要从幼儿的已有经验出发，遵循连续性、层次递进的原则设计足球游戏。

2.专家指导

邀请专家定期开展系列研训活动，使教师更加清晰、深刻地理解大班幼儿足球游戏的设计与组织，学习解读幼儿行为的策略和观察后的跟进方法，然后组织大家通过研讨交流，升华经验，从而在实践中能够进一步认识到观察与园所课程及幼儿园一日生活之间的紧密联系。

3.调查引领

对教师的认知经验进行跟踪调查，深入了解不同教师在足球游戏设计与组织方面的专业发展需求，分层研训引领，并以日常实践中的问题为导向，扎实开展体验式教研活动。

（二）搭建平台，实践提升

1. 每周2次设计、组织与优化

以班级为单位，每班每周设计并开展两个大班足球游戏，班级老师互帮、互听、互评。调整优化设计后，再次实践，同时收集过程性资料。这种方式不仅可以提升教师日常教学的自觉性，还可以帮助他们养成实践反思的好习惯。通过实践，教师可以更深入地了解幼儿在游戏中的表现和发展情况，为个性化指导提供支持，形成个案追踪记录。

2. 每月1次集体交流碰撞

为了进一步提升教学效果，优化游戏设计与组织方式，我们每月组织一次教师集体交流碰撞会议，分享彼此在游戏实践中的经验、发现和困惑，共同探讨解决策略。通过集体交流碰撞，增进教师之间的合作与沟通，形成良好的互学氛围，提升教师团队的凝聚力，教师们可以更加全面地了解足球游戏的教学方法和策略，从而提高教学质量。

3. 每月1次汇总评析

教师每月要撰写1篇游戏观察记录、1篇教育随笔。通过每月大班幼儿足球游戏实践活动汇总评析，不仅对过去一个月的游戏经验进行了总结和分析，还为未来的游戏实践提供了改进方向和思路。

4. 每季1次成果汇总

在大班幼儿足球游戏实践中，我们始终坚持"寓教于乐"的原则，通过丰富多彩的游戏内容，提升幼儿的足球技能和团队协作精神，同时评选出优质案例分享交流，以研促教、以评促教。每个季度，我们都会对幼儿的足球游戏实践进行深入的成果汇总，回顾和总结一季度的经验和收获，并为下一季度的游戏实践提供参考和借鉴，不断推动大班幼儿足球游戏的深入开展。

广东省深圳市大鹏新区葵涌中心幼儿园　张玲

教研活动方案25：评价量表的优化与应用

一、教研背景

为进一步发挥幼儿发展评价的激励功能，促进幼儿园保教质量的整体提升，我们确立了以幼儿发展评价研究为抓手，注重多主体的参与，持续深度开展嵌入式阅读、现场式学习、对话式研讨、寻根式问底多措并举的教研实践。本次教研活动是在前期的嵌入式阅读，积淀有关评价的理论经验，通过领域组的划分，各领域组围绕本领域PCK、多元智能理论、《纲要》及《评估指南》，综合本领域特点，在经过3—4轮的打磨之后，最终确立了各领域评估指标。

二、教研目标

1.帮助教师梳理幼儿发展评价量表使用过程中出现的各种问题和现象。

2.通过小组合作，完善评价量表的场景补充和关键词梳理，帮助教师提升对评价指标的科学解读，提升教师的专业识别和评价支持能力。

3.小组团队合作，增强教师间的凝聚力。

三、教研形式

阅读分享、视频观摩、集中研讨、总结反思。

四、教研准备

1. 有关儿童发展核心经验和有关教师观察评价的书籍。
2. 各领域最新评价量表人手一份。
3. 与各领域活动相关的视频一段，时长5—10分钟。
4. 打印纸、各色彩笔、一体机、课件。
5. 沙龙研讨环境：温馨的小圆凳及圆桌七套分别布置在录播室内。

五、教研过程

（一）嵌入式阅读——贯穿始终

主持人：各位老师，幼儿发展评价系列教研活动是我们幼儿园本年度园本研修的重要内容，从上学期开始延续至今，我们以嵌入式阅读贯穿始终，活动之初的理念引领阶段，通过共读、领读，大量的学习与分享帮助教师一步步厘清评价的基本内容、实施方法等，帮助教师建立正确的评价观。在这个过程中，阅读始终伴随左右，成为我们答疑解惑的重要抓手，相信老师们都受益匪浅。今天我们这个常规项目又来了，接下来请大家分享自己最新阅读的专业书籍，并说说感受。

各位教师进行分享，要求在他人分享的时候做好学习笔记。

主持人：阅读是提高专业能力的有效途径，从今天的分享中，我们看到了教师们的新收获。之前我们通过建立领域组，结合大家所长通过抱团取暖的形式，在学习和运用的基础上，梳理制定了适宜我园的各领域幼儿学习与发展评价量表。在一稿、二稿、三稿……一次次被推翻，又一次次重新梳理形成，现在请大家通过今天的分享重新审视当下的评价量表，我们可以从哪些方面得以进一步完善。

教师集中讨论，在讨论的过程中可借助纸笔记录。

小结：阅读是教师专业成长的捷径，学习和反思更是教师走向优秀的必由之路。我们注重教师的阅读，会通过共读、领读和自我阅读的方式助推教师从外驱走向内需，建立学习的习惯，养成向经典、向书籍学习的终身成长的习惯。

作为一名专业的幼儿教师，理解指标、评估幼儿是我们日常工作的重中之重。教师通过研读指标、整理指标、筛选最适宜我们的指标内容并进行园本化改造，通过对国家颁布的相关纲领性、权威性文件的解读，分领域进行一次次交流与实践，经历了三轮的推翻、重建、再推翻的过程，今天又以全新的认知对形成的评价量表进行再审视，使评价量表得以更加完善。

（二）观摩视频，发现问题

主持人：现在让我们一起来观摩一段视频，依据评价量表进行评价，结束之后我们来交流自己的发现、对比评价的结果。

教师集体观看视频，开展评价。

对比结果，发现问题。

分组讨论：①评价结果的异同；②评价过程中的问题和困惑。

小结：世界上最远的距离莫过于从知道到做到，为了更好地达成知行合一，结合日常拍摄的视频，进行一次全员性的检验，在实践中进行总结，总结亮点，发现困惑与不足。这个问题源自大家的发现，变"别人提出的问题"为"我自己发现的问题"，从而充分激发教师的内驱力。问题由易到难被划分为三类，通过提出问题，归纳问题，将问题变得清晰可见。

问题汇总，层叠式交流，智慧碰撞。

形式上选择了分组进行，鼓励教师从自我表达到集体梳理提炼，确保每位教师深度参与，都有发言权。

小结：一个苹果换一个苹果，每人还是只有一个苹果，而一种思想交换一种思想，每个人就有了两种思想，今天的小组分享正好实现了这样的共享目标。在讨论过程中引导大家对指标进行再解读，圈出关键词，发现三级指标之间的递进关系和差异，这样的深度参与弥补了以往教研活动的单向输出，增强了活动的有效性。

（三）溯源式追问——展望未来

主持人：刚刚大家围绕评价提出了很多策略和方法，在"术"的层面对评价过程进行了全面的检验，接下来请大家想一想下面三个问题。

① 为什么评价？

② 评价的目的是什么？

③ 如何做评价才能真正促进幼儿发展？

教师积极发言。

主持人：刚刚大家的回答都是脱口而出，看得出评价的理念已经深入人心，实践中我们务必要注重评价的全面性、注重对评价内容一视同仁、注重评价的多元主体、注重幼儿学习品质的提升等，力争将知行合一践行到底。然而只有评价，那还是隔靴搔痒。我们需要从搜集的信息中进行分析、在分析的基础上进行解读、在解读的基础上提供支持，从而更好地在评价中帮助幼儿建立自信、在评价中帮助幼儿查漏补缺、在评价中关注幼儿个体差异、在评价中关注幼儿全面发展等，以此促进幼儿的全面发展。

小结：在教师们经过了一定时间的历练后，是时候拉回追求"术"的过程，回到"道"的层面重回问题原点，引发教师埋头前行的同时不忘抬头看天，在追求评价结果的道路上剖析结果产生的原因，从而提供适宜的策略和支持，以此促进幼儿个性的全面发展。

（四）活动延伸，引发思考

主持人：今天的教研活动虽然接近尾声，但也正是我们开启下一段旅程的起点，接下来我们还有很多的问题需要思考和落实，例如：

① 除了教师，家长、幼儿能共同参与使用评价量表吗？

② 如何指导并提升家长参与评价的实践能力？

③ 支持策略的适宜性和有效性是否可以进一步优化？

小结：一步步追问和新的话题的抛出是引领教师实践和思考的思路，抛出的问题缘起于今天的实践，后期的实践又将会产生新的问题，如此源源不断如甘泉水不断涌现，也指引着我们在实践和思考的路上一路前行。

（五）教师反馈，优化改进

请教师们说说这次教研后的感受，以及可优化改进的地方，让我们的教研氛围更开放、内容更贴近教学需要、教研方式能够被更多的教师接受。

搜集教师的建议，做好记录，本次教研活动结束。

总结：从阅读到实践，从实践到思考，我们一点一滴改变：从"为了评价幼儿"到"源于幼儿发展"的目标转向，从"华而不实的任务驱动"到"回归本真的真实观察"的氛围转变，从"预设主导"到"自主选择"的策略转身……我们不断优化、完善着评价量表。在教研过程中，我们坚持以终为始，不断探索游戏评价的内容和方式，一步步循环推进，让教师变"单一接受"为"开放表达"，让幼儿的发展看得见；游戏评价的内涵变"教师主导"为"以幼儿为主体"，让教师的支持更有效。在共同的发展愿景和教育价值的指引下，实现研修共同体新的成长。

六、教研实践

（一）建立评估机制，保障评估时效

幼儿发展评价机制是指依据幼儿发展评价的各个要素（评价主体的保障、评价内容的确定、评价工具的使用等），建立相应的运行机制，可以有效保障幼儿发展评价工作的推进。根据评价前、评价中、评价后这三个实施阶段，我们建立了相应的评价机制，如评价前的"内容解读对对碰机制"，提升教师对于内容的理解能力；评价中的"六一机制"，帮助教师将碎片式的幼儿发展信息进行分析统整，形成幼儿纵向发展的完整经历；评价后的"互通交流机制"，保障教师、家长、幼儿形成共同的价值认同和评价理念，形成教育合力。

（二）预设操作提示，指导科学评估

每项评估都需要从评估前、评估中、评估后给予相应的操作提示和指引，用以优化教师的评估过程，提升评估的质量。我们以班级教师开展评估为例，评估前重点从确定评价方式、商定评价时机、预设采集路径等方面进行商量，统一内容和实施路径。评估中就如何更有效地采集有价值的评价证据、面对评估工具不是太适宜的情况下如何进行优化调整、大量的评价素材如何进行梳理等进行经验的提示。评估后则就如何利用分析评价结果、如何反思评价过程等方面，帮助教师学习和提升评价的实践操作能力。

江苏省海安高新区实验幼儿园　彭月华

教研活动方案26：走进有意义的评价

一、教研背景

我园地处海岛，利用自然、灵动、流畅的园舍建筑，结合三层宽敞的走廊，创设了体现海岛生活与本土文化的教育内容，并开展了与小中大幼儿身心发展相适应的小荷长廊游戏课程。而教育评价为幼儿园教育工作的重要组成部分，是了解教育的适宜性、有效性，调整和改进工作，促进每名幼儿健康发展，提高教育质量的必要手段。但在具体开展评价的过程中，教师在评价目的、评价工具、评价模式等方面存在一定的问题。为进一步提升课程质量，明确小荷长廊游戏评价的要点，提升教师的游戏评价能力，同时强化科学的育人理念，提升教师的专业素养，我们开展了本次教研活动。

二、教研目标

1.通过交流、研讨，发展教师游戏评价的能力和水平。
2.提升长廊游戏的质量，促进教师专业成长。

三、教研形式

本次教研活动主要采取交流研讨的方式，通过教师间交流分享、共同研讨问题和梳理思路，形成合作探究式的团队文化氛围。

四、教研准备

纸笔、电脑设备、课件、中大班自评表。

五、教研过程

（一）研讨评价内容与评价对象

主持人：小荷长廊游戏课程已经开展一段时间了，而评价作为检验课程实施情况的依据，毋庸置疑很重要。今天我们来探讨一下小荷长廊游戏课程的评价方法，让教师们做出的评价更贴近实际情况，也更有意义。现在首先让我们来探讨小荷长廊游戏课程的评价内容及评价对象。

郭老师：评价的内容可以围绕幼儿的游戏内容展开。

任老师：评价的内容需要围绕各年龄段的不同特点开展。

彭老师：评价可以采用幼儿自评、互评、教师评、家长评的多对象共同参与进行。

王老师：幼儿自评就是幼儿对自己的评价。一种是以语言的方式进行评价，让幼儿谈一谈自己在活动中的表现；另一种则是以表单的方式进行，幼儿通过简单的书写进行评价。

李老师：同伴互评主要是通过玩伴评价进行。玩伴评价可以让游戏小组成员围坐在一起，交流自己或他人的活动表现，发现问题并提出建议，进一步推进游戏。

陈老师：教师评价需要教师通过对幼儿游戏的观察进行客观评价，教师可以利用观察记录对幼儿的游戏情况进行简单的白描，便于后期进行游戏能力等多元分析。回溯性的观察记录会让教师的评价更加客观和完整。

欧老师：评价需要借助评价表，在投放了幼儿评价表以后，再投放教师评价表。可以先由幼儿自己进行评价，再进行同伴间的互评，然后是教师的评价。

王老师：家长评价也要引起重视，家长的评价可以在每学期结束或者家长开放日的时候进行。

李老师：如果是多方评价，可以综合评价幼儿游戏活动的目标是否达成，便于形成评价的一致性。

小结：小荷长廊游戏课程的评价内容大多是围绕幼儿游戏内容进行评价的，且需要考虑不同年龄段幼儿的特点，尊重幼儿的发展规律。而评价对象是多样化的，不仅要重视教师的评价，也要重视幼儿自评、同伴互评和家长的评价。

（二）探讨评价时机与评价工具

主持人：我们都知道评价可以在游戏前进行，也可以在游戏中进行，还可以在游戏后进行。游戏前、中、后三阶段的评价，可以形成全时段的评价，这样的评价更为客观。现在请大家讨论我们如何在评价的过程中把握时机。

郝老师：关注幼儿的兴趣点，了解游戏中哪些地方是幼儿感兴趣的。

陈老师：对，兴趣点在哪里，疑惑点就在哪里，相应的发展点就在哪里。

王老师：为了客观评价，把握好评价时机，需要教师全程观察幼儿的游戏过程，需要教师全面观察、比较观察，通过综合观察才能充分了解幼儿。

李老师：游戏结束后，教师要与幼儿及时通过记录回顾游戏现场，分析问题，探讨问题，共同探究推进游戏发展的方向。

主持人：教师需要做一个有心人，不仅需要教育智慧，评价时也需要智慧，灵活把握评价的时机可以让做出的评价更有参考价值。接下来请大家讨论评价工具可以有哪些形式。

王老师：小班可以使用表格的形式，需要注意的是小班的评价表格要形象生动一些，可以以卡通人物的形象进行设置。

邓老师：中班也可以采用表格的形式，表格可以比小班的难一些,让幼儿自己画图或者通过简单的勾选来评价。而对于中班一些能力较强的幼儿,我们会支持他们尝试直接在白纸上用画面的形式来表征,提高表征能力。我们班是通过勾选让幼儿进行评价,比较便捷,教师们可以看一下。

中班幼儿自评表

主题	我完成	我喜欢	我参与	我成长
焱小渔餐厅	☆☆☆	♡♡♡	☺☺☺	👍👍👍
讨小海餐厅	☆☆☆	♡♡♡	☺☺☺	👍👍👍
烹小鲜餐厅	☆☆☆	♡♡♡	☺☺☺	👍👍👍
钓鱼、钓虾	☆☆☆	♡♡♡	☺☺☺	👍👍👍
捡螺、拾贝	☆☆☆	♡♡♡	☺☺☺	👍👍👍
织网	☆☆☆	♡♡♡	☺☺☺	👍👍👍
编筐	☆☆☆	♡♡♡	☺☺☺	👍👍👍
串浮子	☆☆☆	♡♡♡	☺☺☺	👍👍👍
海贝纪念品	☆☆☆	♡♡♡	☺☺☺	👍👍👍
小荷船厂	☆☆☆	♡♡♡	☺☺☺	👍👍👍
小荷大桥	☆☆☆	♡♡♡	☺☺☺	👍👍👍

陈老师:我们大班采用的是让幼儿进行表征的形式,让大班幼儿做记录有助于提高孩子们的前书写能力,参考如下。

大班幼儿自评表

游戏区	我参与	我完成	我喜欢
阅读区			
建构区			
角色区			
数学区			
科学区			
自然角			

（续表）

游戏区	我参与	我完成	我喜欢
美工区			
音乐区			

我的游戏记录：

备注：要求大班幼儿利用自己擅长的方式进行表征。

吴老师：我们是利用幼儿园的小程序进行评价的，因为在小程序里评价后可以看到统计数据，便于对幼儿整体的发展情况做出评估。

王老师：教师也可以借助照片、视频、投影等，这样的形式更加直观，也更便于发现问题，从而进行更为及时的评价反馈。

小结：对小荷长廊游戏课程的评价，不仅需要多对象综合评价，还需要注意把握评价时机以及巧妙利用评价工具。

（三）分组研讨，梳理经验

按年级分组，各小组长对讨论的内容进行回顾，做经验梳理。

小班组：小班幼儿由于年龄小，设计自评表的时候，要选用生动形象的卡通图片；小班幼儿手部精细动作较弱，自评表的设计要符合他们的年龄特点。

中班组：中班幼儿各方面能力逐渐加强，设计评价表时，无论对哪个评价对象的评价内容都应该设计得丰富多样，这样才能对中班幼儿的发展进行全面、精准的评价。

大班组：大班幼儿面临幼小衔接，要注重通过游戏提高大班幼儿的各方面能力，对应的评价表除了让大班幼儿适当表征，也要注意留白，让大班幼儿自由想象。

六、教研实践

（一）专业引领

以《评估指南》为学习引领，组织教师学习其理念，通过研训、研读、共读、领读的方式全方位渗透学习，助力教师把先进的教育理念落实到教学行动中，不断充实和修正自己的教学方法，提高理论素养。园部也很注重邀请专家对教师进行专题指导，便于教师将自己的经验进行再整理、再学习，发展教师的课程建构能力，并建立完善的评价体系。

（二）注重继续教研

不是一次教研就可以解决所有问题，随着游戏课程的实施，还会出现新的问题，我们很注重教研活动的不断深入。我们会不定期组织不同年级组就各班的游戏评价情况进行集中研讨，也会组织不同年级组开展圆桌会议，通过圆桌会议的研讨形式引导教师进行自我反思、同伴互助，进一步厘清课程实施路径、进一步完善课程评价标准，助推幼儿园保教质量的进一步提升。为了进一步促进幼儿园教研活动的开展，更好地帮助教师基于幼儿的视角、追随幼儿的足迹展开评价，我们还强调在研讨现场注重优秀案例的分享，通过学习、分析、思考，更好地把握幼儿的所思所想，懂得"有意义的评价"的重要作用。

浙江省舟山市新城绿荷幼儿园　方汉铮

教研活动方案27：幼儿美术作品评价升级

一、教研背景

随着幼儿教育的深入发展和对美术教育的日益重视，美术作品评价已经成为教育者们共同探讨的热点问题。《指南》与《评估指南》均强调，应尊重幼儿的个体差异，关注幼儿的兴趣和需要，通过科学的教育评价促进幼儿的全面发展。在美术教育中，作品评价作为教育过程中的重要环节，其科学性和合理性对于培养幼儿的美术兴趣、提升美术能力、激发创造力和想象力具有重要意义。然而，在我园的实际教学中，我们发现对美术作品的评价存在着一些问题：评价内容往往只关注绘画技能，忽视幼儿的情感表达、创造力和想象力；评价主体单一，只由教师进行评价，缺乏幼儿自评和同伴互评；评价方法局限，缺乏多样性和灵活性；等等。为了解决这些问题，提升教师评价美术作品的科学性和有效性，我们决定开展本次教研活动，通过深入探讨美术作品评价的理论与实践，明确评价的目的和意义，梳理评价的内容和方法，提升教师的评价能力，促进幼儿的全面发展。

二、教研目标

1.梳理我园美术作品评价存在的问题，探讨解决策略，提升评价的科学性和有效性。

2.通过理论引领、同伴分享、实践反思、跟进延伸等形式，切实有效地提升教师评价绘画作品的专业能力。

3.激发幼儿对美术的兴趣,提升幼儿的创造力、想象力和情感表达能力。

三、教研形式

1.问题梳理:通过讨论梳理教师评价美术作品中存在的问题,并结合《指南》要求进行对照分析。

2.研讨交流:通过专业引领、同伴分享等形式,开展现场研讨,探讨评价美术作品的改进策略。

四、教研准备

1.课件、白色卡纸多张、马克笔三套、记号笔人手一支、黄色紫色纸条若干。

2.沙龙研讨环境:布置温馨的活动室,室内支架式白板两个、一体机一台。

五、教研过程

(一)聚焦问题,引出重点

主持人:老师们,关于"如何评价幼儿美术作品"我们一直在探索实践,其间也存在着各种问题,今天把大家聚在一起,目的就是解决问题,现在请大家畅所欲言。

教师们积极发言,主持人汇总问题。

主持人:经过大家的讨论,问题主要集中围绕"美术绘画作品中评什么?怎么评?评了之后怎么用?"这三个方面,这也是我们思考的重点,接下来就让我们进行集中研讨与交流,寻找破解之法。

(二)思维碰撞,寻找策略

主持人:首先,我们可以从哪些方面来对幼儿作品进行评价呢?

雷老师:我先来说说。在平时指导幼儿绘画和评价幼儿作品时,我比较关注整个作品的构图与色彩搭配,对于人物和动物的造型,我也会重点评价。

蒋老师：在我们的绘画活动中，对于色彩的评价可能是每次活动都会提到的。可以评价幼儿对固有色的使用，比如幼儿使用的色彩与现实物体固有色的符合程度，是否能够注意冷暖色调的搭配。

徐老师：色彩、构图、造型，这都属于幼儿的表现技能，刚刚两位老师从色彩的评价入手去了解幼儿绘画的感受和内心世界，同样是我们需要关注的。我觉得可以从以下几个维度对幼儿绘画作品进行评价：认知、技能、情感态度以及创造性。

主持人：刚刚徐老师帮助我们总结了几个关键词：认知、技能、情感态度以及创造性。现在我们就围绕这几个关键词来谈谈自己的想法。

徐老师：我从幼儿对材料工具的认知着手，说说我的一些想法。幼儿美术创作的过程必然包含着对作画工具的认识和使用，如油面棒、水彩笔、排笔等，一定要让幼儿知道它们的名称和用途。在对作画工具认识和熟练使用的基础上，我们再对低结构材料的使用进行评价。例如，在制作"美丽的烟花"美工区域活动中，教师先向幼儿提出问题："什么工具适合制作'烟花'呢？"幼儿的想法各不相同，他们会提到多种工具，如纸团、纸筒、杯子、易拉罐、塑料瓶等。

蒋老师：我觉得评价幼儿对材料工具的使用是很有必要的，虽然在创作时幼儿脑海中对这些自然低结构辅助材料的利用已经有了一定的构思，但并不代表幼儿已将它移到了画面上，只有依靠画纸、颜料、记号笔等绘画材料和辅助材料的共同配合，才能在二维空间上表现出三维立体的图式。

邱老师：材料是创作的起点，是实现幼儿自由创作的前提。情感是作品的生命力，能实现幼儿自我表现的欲望。我们不仅要关注有准备的材料，还要关注幼儿的兴趣需要。我们要从幼儿的角度倾听幼儿的想法，感受他们的感受，从他们的作品中看出他们的主动性和积极性。

严老师：我们可以从幼儿在活动中的主动性、持久性、绘画习惯等方面进行评价，关注幼儿在完成美术作品的过程中体现出的学习品质。

主持人：刚刚大家围绕绘画活动中认知和情感方面提出了很多评价要素，有没有老师要补充的？我有一点想法，在认知这一层面，我们不仅要关注幼儿使用绘画工具材料的方法，也要关注幼儿正确的坐姿，正确的握笔和用笔姿势与方法。在幼儿作画技能的表现能力上，我们该如何评价呢？

刘老师：这就涉及一开始雷老师说的作品的构图。有的小朋友在画画时随机地把物体分布在画面上，画面没有上下之分，更无前后之别。还有一些可能会把所有的主体都放置在基底线上来表现，甚至有一些小朋友的主题向着四面八方离散开去。

徐老师：是的，所以在评价幼儿绘画作品时要评价幼儿画面的结构，如形象主次分明，能体现主体形象，有整体感。

雷老师：徐老师说得很全面，但我觉得在评价造型上，我们应该打破技法的限制，不应该统一标准，要尊重幼儿的个性，主要评价造型的独特性和完整性。

徐老师：是的，所以说我们要用欣赏的眼光评价幼儿的美术作品，尊重幼儿的美术创造性。在幼儿的美术活动中，我们随处可以看见幼儿想象力的发挥，作品很具创造性。记得一次一个大班的男孩画的自行车，他设计的自行车既可以在陆地上骑，又可以在水里游，同时自行车还安装有翅膀装置，不用说，这辆车还会飞，我们不禁惊叹于幼儿丰富的想象力和创造力。对于这样的作品，我们要及时展示，肯定幼儿丰富的想象力，从而激发出幼儿的创作欲望。

吉老师：幼儿在进行美术创作时，有时会围绕抛出的主题进行作画，那在有主题的绘画活动中，我们怎样激发幼儿的创造性呢？基于不同的经验基础和思维方式，在不同认知的支配下，幼儿作品呈现的内容往往也就有所不同。如《我的好朋友》主题绘画，在内容表现上，有的幼儿画出了同班幼儿的肖像，有的幼儿画的是和小伙伴一起游戏的场景，而有的小朋友则画出了喜欢的小动物……因此"主题绘画中的创造性培养"也是评价幼儿美术作品的要素之一。

徐老师：刚刚吉老师分享了在不同认知支配下，幼儿作品呈现的内容往往也就有所不同，让我联想到最近我们班开展的"点线面"主题美术活动。活动一开始，我们通过绘本故事《圆圆和圈圈》导入，以幼儿喜闻乐见的语言、图形引出活动主题，后来在悠乐小院玩的时候，幼儿自主生发了探究活动"树叶上的点线面"；结合生活经验，我们又激励幼儿尝试开展了绘画活动"我的点线面小毛巾"；最后幼儿又一起挑战长卷纸，他们先协商分好组，再通过多人合作的方式，创作了《秋天里的一亩三分地》长卷画。在对这些作品的评价中，我们观察幼儿是否能从一个点扩散思维，选择多种工具和材料进行美术创造活动。

主持人：大家对作品评价的内容都有了比较清晰的认识，一起总结了幼儿美术作品中认知、技能、情感态度以及创造性四个方面的评价要素。接下来请大家把自己的想法写在纸条上，完善对应的板块。认知与创造性写在黄色纸上，技能和情感态度写在紫色纸上。

（三）适当追问，补充说明

主持人：大家通过写、贴等方式，制作了思维导图，那么在制作过程中，大家有没有需要补充的？

吉老师：在以往的幼儿美术作品评价中，我很少会从造型的角度来分析幼儿绘画，涉及绘画技能常以娴熟、优、良等进行表述，这是我需要反思的一个点。了解"造型评价法"后，发现"物体或人物造型"真的很重要，用概念描述："它是一门深刻的艺术学科，基本要素是贯穿整个创作过程中的核心要素。"基本要素包括形式、线条、色彩、空间、比例、构图和纹理。细分七项，涵盖颇广（除去我们之前单拎出来的色彩、构图外，还有形式、线条、空间、比例和纹理），所以老师们在运用造型对幼儿美术作品进行评价前，自身需要先对美术造型要素有一个较深的认识和了解。

郑老师：在作品的构图上，还可以评价作品的空间关系，如作品表现出了物品的大小、前后、内外关系和物品之间的关系。

主持人：感谢吉老师和郑老师的补充。以往我们的评价维度比较单一，缺乏对幼儿美术活动过程中积极的情感、创造力等进行评价。今天，通过大家的集体讨论，我们知道了不仅要关注幼儿绘画的认知、技能的习得，关注幼儿想象与表达力的培养，还要关注幼儿的情感、态度、价值观及学习过程、学习态度、学习方法等能够影响其绘画能力发展的因素。本次研讨中提炼出的方法及策略，大家在日常教学中要学以致用。

六、教研实践

（一）理论引领——好书共读中开启对评价的关注

为了巩固教师们的认知，帮助教师用专业的视角来看待幼儿的作品，我们精选出一些书籍和文章供教师们自主学习。制订读书计划，通过线上引领、线下共读的形式，帮助教师读懂、读透研修书目。教师们充分利用学习资源，通过共读、领读、同伴分享、结对反思，结合理论将自己的思考发到群里，大家分析、讨论，实现经验共享。

（二）问题导向——同研共进中加深对评价的认知

在日常教育教学中，我们注重全方位跟踪、浸润式教研追随着教师的步伐。深入班级观摩教师评价幼儿作品，鼓励教师将基于问题探究的绘画作品评价经验运用到教育实践中，进一步完善和提升适合本园的作品评价策略和经验。引导教师在实施的过程中回看运用结果，通过持续发现问题，筛选问题，形成新的教研主题，在新的教研活动中，进一步提升教师的观察能力。

（三）不断探索——反复实践中提高评价能力

即使我们形成了一定的评价策略，但探索并未止步。评价指标怎么样？使用过程当中的适宜性、有效性，教师使用的科学性又怎么样呢？带着这样的问题，我们带着评价量表走进活动现场，开启了从理论到实践的跨越。教师们将常态的观察行为形成了观察记录，有观察记录表、谈话记录表、作品分析表、逸事手册等。基于对幼儿的观察和记录，继而提出有针对性的支持策略，这些策略包括提供更多的创作材料、引导幼儿探索新的创作方式、组织相关的艺术活动等，以满足幼儿的兴趣和需求，促进他们的全面发展。经过一阶段的实施，教师们对作品评价中的问题有了更为清晰的认识，积累了各自独特的做法，形成了以儿童视角、儿童立场去分析与评价幼儿作品的观念，有效提高了教师的评价能力。

江苏省南通市海安高新区恒源幼儿园　王育梅

教研活动方案28：
积极教育，享快乐童年

一、教研背景

幼儿在成长过程中，不仅要掌握各种知识技能，还要具备抗挫力、创造力、坚持力，获得利他、善于沟通等积极品质。而积极教育可以培养幼儿拥有积极的心理素质，让其不断生发出自己的内在力量，积极迎接人生道路上的各种挑战。我们开展本次教研活动，希望通过活动能够让教师更加深入地理解积极教育的意义，能够运用自己的专业知识做幼儿一日生活中的有心人，通过积极教育让教育真实发生，让每一名幼儿在成长的道路上形成健全的人格，为幼儿的终身发展奠定坚实的基础。

二、教研目标

1.学习积极教育相关理论知识，加深对积极教育的理解，树立积极教育的意识。

2.通过集体学习、分组讨论、案例分享，提升教师实践积极教育的专业能力。

三、教研形式

1.理论学习：通过学习理论知识，掌握积极教育的基本含义、实施策略、实施路径等。

2.分组讨论：把教师分成若干组，教师积极讨论、发表看法。

3.案例分享：骨干教师分享积极教育支持幼儿发展的典型案例，其他教师根据分享内容讨论、交流进一步获得实施积极教育的方法。

四、教研准备

演示PPT、电脑设备、分享案例、板书。

五、教研过程

（一）头脑风暴——说你心中的积极教育

（调动原有经验，各抒己见）

1.集体头脑风暴，各抒己见：什么是积极教育？

邓老师：积极教育就是肯定的、正面的、有利于幼儿发展的教育。

冯老师：积极教育就是热心的、努力的、进取的教育。

魏老师：教育是运用策略让幼儿获得发展，积极教育就是运用积极心理学的原理，培养具有积极心理素质的幼儿，让幼儿有终身学习的原动力，能不断地发挥出自己内在的优势、美德、品质，积极迎接未来的各种挑战。

2.小组交流：为什么要开展积极教育？

郝老师：有利于教师对幼儿的关爱和关怀，并使幼儿信任与更愿意靠近教师，拉近师幼关系。

陈老师：能使教师形成正确的教育观、儿童观。

魏老师：有助于幼儿形成乐观的性格，敢于面对挑战。

（二）理论学习——知什么是积极教育

（巩固理论，系统学习什么是积极教育）

1.集体学习：明确积极教育的含义、意义和实施方法。

积极教育的含义：积极教育是基于积极心理学理论的教育理念，旨在帮助幼儿获得主观幸福感和获得感，主要任务是提高和发展幼儿的各种积极品质和长处。

积极教育的意义：积极教育能培养幼儿乐观、自信、自主、责任感强等积极品质，使他们能够在实践中不断地探索和发现，积极地面对成长中的各种挑战。

积极教育的实施方法：在一日生活中，采用积极的教育方法，激发幼儿的学习兴趣和热情，鼓励幼儿勇于表达和探究，给予幼儿更多的鼓励、肯定和欣赏，引导幼儿正确对待困难和挫折，培养幼儿的抗挫能力和心理韧性。

2. 小组探讨：你觉得你在日常教育教学中的哪些教育行为就是在践行积极教育？

王老师：正视幼儿的需求就是积极教育的行为。

李老师：分享幼儿的情绪，能够倾听幼儿。

陆老师：要相信幼儿、肯定幼儿。

申老师：当幼儿出现消极情绪时要积极引导。

潘老师：对幼儿的日常提问，要给予及时的回应。

3. 自由发言：你在实施积极教育的过程中有哪些困惑？

马老师：我们班有一名幼儿起床不会穿袜子，我们鼓励他并教给他穿袜子的方法，在旁边耐心陪着他平复他的情绪，但效果不佳。面对一直沉浸在自己情绪中的幼儿，有哪些积极教育的方法可以使用？

陆老师：在实际教学中，如何让积极教育的实施更系统、深入？

濮老师：现在我们对于积极教育有了一定了解，但不同幼儿需要运用不同的积极教育方法，有时候自身能力有限无法立即想出对策怎么办？

（三）经验分享——学习积极教育的实践案例

（经验分享，理解实践积极教育的深远意义）

1. 案例：让幼儿爱上跳绳

案例描述：跳绳练习时，贝贝跑到教师面前说："老师，我要跟你比赛。"大宝看到后也说要加入，并双手拉直绳子。教师接受了他们的挑战，找了个空位置进行比赛，他们的挑战赛吸引了很多幼儿围观，孩子们跃跃欲试，希望也能加入比赛。比赛开始后，教师用余光看见小瓦和洋洋站在远处观看，没有要靠近或加入的意思。教师先是鼓励和表扬了参与比赛的幼儿，大家热热闹闹的都很开心，而小瓦和洋洋还站在原地看着大家。教师喊了小瓦和洋洋，希望他们一起加入，两名幼儿摇摇头。这边结束比赛后，教师走到小瓦和洋洋面前，向他们发出邀请："我们也来比赛吧！"小瓦和洋洋点点头，双手拉直绳子做好准备，于是他们又开始了新一轮的跳绳比赛。

集体讨论：在这个案例中你学习到了哪些积极教育的方法？

王老师：跳绳练习对幼儿吸引度不够的情况下，教师接受幼儿的挑战参加比赛，是对幼儿需求的积极回应，这就是积极教育。

邓老师：教师跟幼儿一起进行跳绳比赛，吸引了很多幼儿的围观和参与，调动了幼儿参与跳绳活动的积极性，这也是积极教育。

罗老师：教师能够关注到不同幼儿，运用鼓励、表扬、邀请等积极行动引导幼儿参加活动，就是积极的教育策略。

2.案例：你踩到我了

案例描述：场地上铺开的一张垫子上放着两块折叠的垫子，中间留了一个缝隙，恒恒坐在两张垫子的缝隙中。小星从一头爬上垫子，看了一眼恒恒，笑着往恒恒的腿上踩了上去。恒恒委屈地告状："小星踩我。"谁知小星转了方向，一只脚再次踩向恒恒，还朝小伙伴陌陌喊："陌陌，这里有一个大怪兽，你看！"恒恒起身想离开垫子，小星抓住了恒恒的衣服喊："啊，抓住你啦。"恒恒挣脱了小星，指着小星喊了一句："你这个大坏蛋！"小星看向恒恒愣住了几秒，恒恒嘟着嘴走到了很远的地方。小星和陌陌在垫子上玩游戏，其间小星被陌陌不小心踩了好几下，于是不开心地对陌陌说："你踩到我很多下，衣服都脏了。"借此机会，教师牵着小星走到一边，蹲下问他："陌陌踩到你，你不开心是吗？"小星点点头。教师继续问："那你刚刚踩到恒恒，他会怎么样呢？"小星轻声说："恒恒生气了。"教师又问："那你为什么说恒恒是怪兽呢？"小星回答："恒恒的裤子上有小怪兽。"原来如此，了解了情况，教师回到刚才的话题，问小星："恒恒说你踩到他了，你听见了吗？"小星点点头。教师继续问："你被陌陌踩到了希望陌陌对你做什么？"小星说："陌陌要跟我说对不起。"教师点点头："陌陌对你说了对不起，那你需要对恒恒说什么？"于是小星转头跟恒恒说了声"对不起"。

小组交流：案例中教师是如何开展积极教育的？还可以通过什么方式解决上述矛盾？

王老师：面对幼儿的冲突，教师不急于介入，而是耐心观察，找到契机一步步引导，让小星认识到自己的错误，通过将心比心，让小星为自己的错误道歉，这是积极的教育行为，也充满了教育智慧，值得大家学习。

林老师：除了上述的教育方法，也可以通过角色扮演、故事讲述等方式，让小星更好地理解尊重他人的意义，并学会在适当的时候道歉。同时，鼓励他在日常生活中多关注他人的感受，培养同理心。

六、教研实践

（一）向家长宣传积极教育

积极教育对于幼儿成长的意义不言而喻，不仅在幼儿园，家长也要学习积极教育的方式方法，树立培养"阳光幼儿、快乐童年"的意识，家园合作共同培养自信、阳光、快乐的幼儿，给幼儿一个完整的童年。我们会在幼儿园宣传橱窗，张贴积极教育相关内容供家长自主浏览和学习，也会将积极教育相关内容梳理成文章，定期发布在幼儿园的宣传平台上，与家长及时互动，积极向家长宣传。

我们还引导家长关注幼儿情绪，家园构建能量圈，教育出快乐幼儿。我们会定期录制情绪微课发给家长们学习，在微课录制前，我们会先收集家长关于积极教育的困惑，然后根据这些困惑制定微课内容，通过备课、录制，实实在在地为家长提供指导方法。

（二）创建健心成长营，及时疏导幼儿情绪

我们创建健心成长营，让幼儿直面内心、理解情绪。在健心成长

营我们以 ABC 漫画模式，让幼儿画出情绪，与自己对话。当幼儿表现出消极情绪时，我们可以运用马丁·塞利格曼教授的 ABC 漫画模式帮助他们更好地与自己对话，从而听到幼儿内心的声音，为启发引导幼儿做出积极改变做准备。漫画第一格 A 即表示纯粹的坏事，中间格 B 表示这件事情自己的想法，第三格 C 表示自己的感受。通过 ABC 漫画模式，幼儿出现消极情绪的缘由也清晰地展现出来了，为后续实施积极教育奠定了基础。

我们还在健心成长营中创设情绪屋、解压角、点赞墙，来启发引导幼儿做出积极改变，落实积极教育。情绪屋设置在隐蔽的角落，幼儿情绪不好的时候可以去里面进行排解。同伴看见后，可以去关心或者和他一起聊天说出他不开心的原因和困扰，帮助他走出困境。解压角里面，我们和幼儿一起收集一些能排解消极情绪的物品。可以是幼儿喜欢的玩具，也可以是一些捏捏球，还可以是画画工具，等等。幼儿可以运用这些材料排解自己的压力和不好的情绪。点赞墙的作用，可以通过同伴互赞来获得信心，鼓励同伴走出消极情绪。

浙江省海宁市实验幼儿园教育集团文苑幼儿园 费佳丽

教研活动方案29：
提升指导特殊儿童能力

一、教研背景

《纲要》指出：幼儿园教育应尊重幼儿的人格与权利，幼儿园的教育是为所有在园幼儿的健康成长服务的，要为每一个儿童，包括有特殊需要的儿童提供积极的支持和帮助。由此可见，关注、接纳特殊儿童是我们幼教工作者毋庸置疑的分内之事，更不允许教师冷漠与简单粗暴地对待他们。我园是一所部队医院幼儿园，有很多特殊儿童在医院儿科治疗，幼儿园也因此收入了一个又一个特殊儿童。面对收来的特殊儿童，不少教师表示感到有压力，基于此，我们开展了本次教研活动。通过直面对话，引导教师正确认识特殊儿童，进而提高教师对特殊儿童行为的分析、判断以及指导能力。

二、教研目标

1. 转变观念，达成共识，接纳特殊儿童，重视特殊儿童的教育。
2. 针对特殊儿童的特殊性，探讨相应的教育方法与措施，提高教师帮助特殊儿童走入集体的能力。

三、教研形式

案例分享、交流研讨、分组头脑风暴、归纳总结。

四、教研准备

录像资料、白纸、记号笔、纸条等。

五、教研过程

（一）分享案例，自由表达交流

主持人：首先，向老师们介绍两位小朋友——兴兴和彦彦。兴兴和彦彦是在医院儿科康复中心接受治疗的小朋友，后来他们进入我们园，现在让我们一起来看看他们在幼儿园的一些片段吧。

播放录像资料，教师注意观摩。

片段一：小朋友们在安静上课的时候，兴兴突然推桌子，老师提醒他，他却开始敲打自己的头，并大声叫喊："我很生气，我要发脾气。"他的举动惹得其他小朋友都笑起来。

片段二：大家正在上课，彦彦趁老师不注意跑到外面去了。被找回来后，彦彦还是静不下心来听课。到了动手操作的环节，彦彦没有信心说什么也不参加活动，老师不断鼓励她也无济于事，甚至开始大哭，老师对此束手无策。

主持人：看完兴兴和彦彦的片段，请大家谈谈自己的感受。

教师自由发表看法与感受。

主持人总结教师们的发言，汇总问题。

① 班上管理的幼儿多，对特殊儿童的看护力不从心，也担心出现问题。

② 特殊儿童不能在一定程度上控制自己的行为，常常给日常教学和生活带来不同程度的干扰，对其他幼儿也会产生不利的影响。

③ 家长向我们反映，希望自己的小孩能和特殊儿童分开坐，觉得特殊儿童的行为会给自己的小孩带来不好的影响。

（二）听听家长、园长的声音，积极面对问题

播放录像资料，倾听特殊儿童家长的心声。

主持人：听了几位家长的发言，我的眼眶湿润了，特殊儿童家长的辛酸与艰辛是我们难以想象的。面对困难，他们没有任何理由放弃，在给孩子积极做专业治疗的同时，更希望孩子能和其他正常的孩子一样，上幼儿园、交朋友、学习本领、快乐游戏，有一个拥有同伴的完整童年。这些家长的期望热烈、迫切、真诚，我们作为教育工作者，没有理由退缩，希望大家能够共情，感受这些家长的感受，真诚接纳他们的"特殊孩子"。

现场倾听园长的声音，感受园长对待特殊儿童的正面态度，对教师工作辛苦的理解以及和教师们共同面对问题的承诺，积极打消教师们的心理顾虑，引导教师们勇于面对问题。

主持人：听完特殊儿童家长以及园长的声音，请大家谈谈感受。

杨老师：今天之前，我对特殊儿童到班级，心里只是被动接受，会觉得比较麻烦，也怕出现安全事故。今天听了特殊儿童家长和园长的发言，我内心很受触动，也很感动，我们不应该排斥这些"小天使"，应该多问自己我们可以为他们做些什么。

王老师：我自己也是一个妈妈，我真不敢想象，自己如果有这样一个孩子，我该怎么办，我会怎么办。作为他们的老师，回想平时的不耐烦，内心觉得很愧疚。

周老师：以前我总是抱着"事不关己，高高挂起"的心态，对入园的特殊儿童不主动关心、关爱，也怕承担责任。今天，听了园长和家长们感人肺腑的话，我觉得很羞愧，这些特殊儿童更需要我们的包容和爱。

（三）聚焦问题，探讨相应的教育方法与措施

主持人：经过上一环节，我们知道我们需要正确对待特殊儿童，提高自己的观念、意识，以及提高相应的指导能力。现在让我们回看一下兴兴和彦彦的案例，面对特殊儿童的行为问题，我们要怎么解决？请大家积极探讨，碰撞出智慧的火花。

胡老师：面对特殊儿童要宽容、包容、有耐心，适当情况下可以

采取转移注意力的方法。面对兴兴的情况，就可以及时转移他的坏情绪，通过谈话引入他感兴趣的话题，逐渐让兴兴平静下来。

钱老师：也可以采取认同或冷处理的方法，比如兴兴发脾气，先认同生气是正常的现象，然后及时引导兴兴把坏情绪说出来，这样便于安抚幼儿。

……

主持人：通过老师们的发言，能感受到大家对待特殊儿童的观念已经发生了改变。现在让我们再探讨一下，当家长来告诉你希望自己的小孩和这些特殊儿童分开坐时，你会怎么做？

陈老师：要正面回应，灵活拒绝。可以跟家长说我们的座位是每周有序轮换的，这周和这个小朋友同桌，下周就是和另外的小朋友同桌，这样，有利于小朋友能更多、更全面地和班级所有小朋友认识、熟悉，交到更多的朋友。积极向其他家长宣传、普及对特殊儿童要有关爱之心的理念，让他们相信有老师的正确引导那些小朋友也可以像正常幼儿一样，不要过于忧虑。

张老师：也可以通过表扬化解问题，比如向家长表扬他们的孩子帮助了某位特殊儿童，还成了好朋友，以此来改变家长对特殊儿童的看法。

主持人梳理教师们的方式方法，归纳总结特殊儿童的教育指导策略。

① 幼儿园方面：招收特殊儿童时，尽量招收有能力进行随班就读的幼儿，随班就读的特殊儿童每班以1—2人为宜。注重开展教师培训，增强全园教师对特殊儿童进行保教的意识，园长要对教师进行及时指导。

② 教师方面：积极改变态度，正确对待特殊儿童进入班级。积极接受园长的指导，遇到问题能够及时反馈。自觉了解对特殊儿童进行融合保教的意义、内容和方法。及时与其他教师交流沟通信息，如关于特殊儿童的发展情况、保教情况等。

③幼儿方面：特殊儿童在入园之前应做好身心准备，根据年龄特点，学会一些力所能及的事，如进餐、洗脸、穿脱衣服等；鼓励特殊儿童与正常儿童交往，让他对幼儿园有一定的熟悉感。引导正常儿童对特殊儿童有更多的理解和关心，在学习和生活中发挥同伴互助的作用。引导正常儿童正确面对特殊儿童，对他们的某些行为有更多的宽容。

④家长方面：与特殊儿童家长建立相互信任的情感，并与特殊儿童家长之间信息共享，可通过家访、谈话、家园联系栏等多种手段加强与家长之间的信息交流，以便及时沟通。与普通儿童家长沟通交流，解除他们的担忧，让他们对特殊儿童有更多的理解，让他们能正确引导自己的孩子与特殊儿童友好相处。条件允许的情况下，让普通幼儿家长与特殊儿童家长建立互助网，帮助特殊儿童家长排解孤立无援感。

主持人：老师们，通过今天的研讨，无论是思想上还是行动上，如果我们能做好、做足这些准备，相信在特殊儿童教育上我们会更加轻松、更加专业。今天的教研活动到此结束，希望老师们在接下来的特殊儿童教育上都能够游刃有余地完成工作。

六、教研实践

（一）观察记录

针对班级特殊儿童，制定观察记录本，对特殊儿的集体活动进行观察记录。请助教老师一对一真实记录他们在集体活动中的一言一行，每月班级班会时分析他们的行为情况，针对集中教学、集体游戏、生活活动、交往等层面有什么进步，存在什么问题，特别是新增问题及时进行梳理，然后积极家园沟通配合，创建和谐的班级氛围，有效帮助特殊儿童融入班级活动。

（二）走近特殊儿童

定期带班级幼儿到医院儿科与特殊儿童进行游戏活动，增进对特

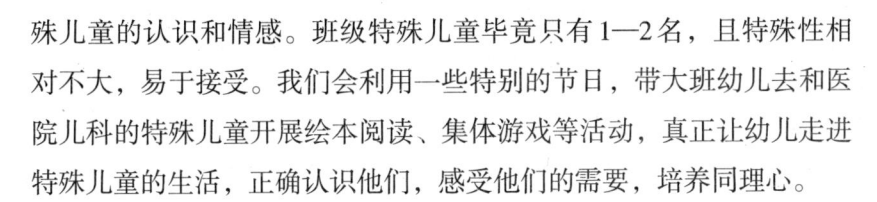

殊儿童的认识和情感。班级特殊儿童毕竟只有1—2名，且特殊性相对不大，易于接受。我们会利用一些特别的节日，带大班幼儿去和医院儿科的特殊儿童开展绘本阅读、集体游戏等活动，真正让幼儿走进特殊儿童的生活，正确认识他们，感受他们的需要，培养同理心。

（三）自主学习

幼儿园阅读室提供一些与特殊儿童相关的教育理论书籍，鼓励教师阅读学习。每学期要求老师们能自主阅读一本有关特殊儿童的书籍、绘本，观看一部电影等，在学期末的教研总结中请1—2名教师自告奋勇分享给大家，并畅所欲言谈谈心得体会。

（四）专家培训

教研组长每学年收集、梳理总结老师对特殊儿童教育指导需帮助、提高、指导的一些专业性较强的问题，根据共性问题请行业专家、领域专家到幼儿园为教师们进行培训，并进行面对面、一对一的答疑解惑，从而更有效、更专业地提高教师对特殊儿童的指导。

（五）家访工作

定期对特殊儿童家庭开展家访工作，对幼儿的情况如实相告，争取配合；积极展开对特殊儿童有意见的家长的家访工作，不回避问题，达成共识，创设良好的班级氛围。

陆军军医大学第二附属医院幼儿园 霍宇 杨惠芬

教研活动方案30：
幼小衔接期的社会性培养

一、教研背景

《关于大力推进幼儿园与小学科学衔接的指导意见》的颁布，旨在通过强化衔接意识和整合多方教育资源，特别是加强幼儿园与小学的协同合作，以科学的方式推进双向衔接和系统优化。此举旨在确保幼儿能够顺利适应小学的学习生活，并受到社会各界的广泛关注。

鉴于幼儿园与小学在教育目标、内容和方法上的显著差异，许多幼儿在入学后遭遇适应困难，导致学业成绩下滑和心理压力增大，进而可能对其身心健康和长远发展产生不利影响。

为了有效应对这一挑战，园本教研活动的实施显得尤为重要。这不仅有助于提升幼儿园教师的专业素养，还有助于优化幼小衔接课程体系，以更好地支持幼儿适应小学学习。具体而言，通过邀请专家学者举办讲座、组织双向教学观摩和研讨、鼓励教师深入研究具体问题并提出解决方案，使教师的专业素养得以提升。同时，基于幼儿身心发展特点和认知规律，设计符合幼小衔接教育目标的课程体系，加强与小学教育和家庭教育的沟通与合作，确保教育内容的连贯性和教学方法的适应性。在推进双向衔接的过程中，改变以往以幼儿园为主体的幼小衔接活动模式，更多地关注幼儿的发展水平和学习状态，建立三方及时反馈交流机制，不断更新和改进幼小衔接的方式方法，为幼儿顺利过渡和未来发展奠定坚实基础。

二、教研目标

1.强化教师专业素养。通过深入开展教研活动，促使教师充分认知幼小衔接教育的核心意义，并深化对幼儿身心发展特性的理解。同时，提升教师的观察能力、分析能力和教学设计能力，确保教师能够依据幼儿的实际需求，制定出科学、合理的教育规划。

2.完善幼小衔接课程体系。构建一套系统、全面的幼小衔接教研体系和课程体系，涵盖身心准备、生活准备、社会准备和学习准备等多个关键领域，协助幼儿逐步适应小学的学习与生活节奏，培养他们养成良好的学习习惯与社交技能。

3.保障幼儿全面均衡发展。坚持"以幼儿为本"的教育理念，高度重视幼儿之间的个体差异以及全面均衡发展的需求，推动幼儿在身心健康、情感态度、认知能力、社会交往等多个方面实现均衡发展，为其未来的学习和生活奠定坚实的基础。

三、教研形式

自由发言、政策解读、视频观摩、集中研讨。

四、教研准备

1.幼儿园采用问卷调查的方式，深入剖析了当前家园校协同促进的现状。提供详尽数据为现场研讨活动提供调查分析基础，设计方案模板为后续方案的修订和完善做好预备工作。

2.教研流程告示中明确标示教研活动的具体时间、地点及参与人员等核心信息，确保每位教师都能充分了解和积极参与。同时精心策划完整的教研计划和安排，以保障教研活动的有序、高效进行。

3.在教育政策文件方面，搜集并整理教育部关于幼小衔接的指导意见，以及幼儿园和小学的教育教学标准等重要文件。

4.策划同课异构课例观摩活动并提供典型案例和视频材料，通过直观、生动的方式，为教研活动提供素材。

五、教研过程

（一）通过问题引出主题

主持人：在教研活动前，我们开展线上问卷调查，征集家长意见，了解幼儿园教师及家长、小学一年级教师及家长关于幼小衔接入学准备中存在的困惑和问题，并进行问题整理，然后确定本次教研活动的主题"幼小衔接期的社会性培养"。现在让我们一起观看课件，一起来分析这些问题，并请大家发表自己的看法。

杨老师：幼儿从幼儿园生活逐渐过渡到以学习为主的小学生活，在这个过程中，幼儿需要适应新的学习环境、新的学习方式、新的社交关系，这对他们来说是一次重大的挑战。因此，我们作为教育工作者，需要高度重视幼小衔接期的社会性培养，帮助幼儿顺利度过这个转折期。

李老师：我认为，《关于大力推进幼儿园与小学科学衔接的指导意见》为我们指明了方向。它强调了幼小衔接的重要性，并提出了具体的指导意见。我们需要在实践中不断探索和创新，形成符合幼儿身心发展特点的幼小衔接模式，为幼儿的未来发展奠定坚实的基础。

张老师：我同意两位老师的观点。同时，我认为在幼小衔接期的社会性培养中，我们需要关注幼儿的个体差异，尊重每个幼儿的发展需求。通过个别化指导、小组合作等方式，帮助幼儿建立自信心、培养合作精神、提高解决问题的能力，为他们未来的学习和生活做好准备。

主持人：我们也邀请了家长代表参与本次教研，现在让我们听听他们的想法。

昊昊家长：我们非常珍惜幼儿园给我们提供的机会，让我们能够深入了解国家的政策，并能够从幼儿终生发展的角度去看待幼小衔接问题，不但减少了我们的一些错误认知，而且让我们少走了很多弯路。

涵涵家长：对于孩子上小学的问题，我们还是有一些担心和焦虑的，有这样一个机会可以和专业的老师共同去讨论问题，我们觉得非常贴心，也非常感谢，我会抱着学习的心态好好做笔记。

主持人：感谢老师和家长的分享。确实，幼小衔接期的社会性培养是一个复杂而重要的过程。我们需要从多个方面入手，帮助幼儿顺利适应小学生活。接下来，我们将通过视频观摩和集中研讨的方式，进一步探讨幼小衔接期的社会性培养问题。

主持人：首先，请大家观看一段关于幼小衔接期社会性培养的视频案例。观看完视频后，请大家结合自己的教学实践，谈谈看法和感受。

刘老师：加强家园校合作，我们需要共同关注幼儿的社会性发展。家长是幼儿成长的重要伙伴，我们要积极与家长沟通，共同制订教育计划，关注幼儿的社会性表现，及时发现问题并进行干预。

王老师：在幼儿园，我们通过创设丰富多样的社交环境，促进幼儿社交技能的发展，通过组织各种社交活动，如角色扮演、团队合作游戏等，让幼儿有机会与他人互动，培养他们的沟通能力、合作能力和解决问题的能力。

主持人：家长代表有什么想说的吗？

敏敏家长：我们希望能得到幼儿园和小学老师的专业指导，帮助我们了解如何在家庭中引导幼儿建立正确的自我认知，培养他们的自信心和责任感。我们也一定会全力配合幼儿园以及小学在各种活动中开展自我评价、分享经验等活动，让幼儿了解自己的优点和不足，学会自我调整和改进。我们也会鼓励幼儿承担一定的家庭责任和任务，培养他们的责任感和独立能力。

雯雯家长：我们在家庭中会时刻关注幼儿的情感需求，给予他们足够的关爱和支持，让他们感受到安全和被尊重。同时，我们也会在家中引导孩子学会表达自己的情感，培养他们的情感表达能力和情感调控能力。

主持人：在幼小衔接期社会性培养的过程中，我们要建立有效的反馈机制，及时了解幼儿的社会性表现和发展情况，发现问题并及时调整教育策略，确保教育目标的顺利实现。

（二）解读纲领性文件

主持人：各位老师，大家利用业余时间都学习了《关于大力推进幼儿园与小学科学衔接的指导意见》，现在请各位分享一下学习心得或感悟。

王老师：幼小衔接不仅仅是幼儿学习环境的简单转换，更是他们人生中的一个重要转折点。它标志着幼儿从以游戏为主的幼儿园生活逐渐过渡到以学习为主的小学阶段。

李老师：幼小衔接的重要性在于它能够帮助幼儿建立良好的学习习惯和态度。

陈老师：在幼儿园阶段，幼儿们以游戏和玩耍为主，而在小学阶段，他们需要开始适应规律的学习生活，所以孩子们的自律能力和专注力都需要着重培养。通过幼小衔接，幼儿们可以逐渐适应这种转变，为未来的学习生活打下坚实的基础。

魏老师：幼小衔接的目标在于确保幼儿们在知识、技能和情感上都能够顺利过渡到小学阶段。在知识方面，幼儿们需要掌握一定的基础知识，如数学、语文、英语等；在技能方面，他们需要学会如何听讲、如何阅读、如何写作等；在情感方面，他们需要逐渐适应新的学习环境，建立新的友谊，并培养自信心和独立性。

丘老师：为了实现这些目标，家长和教师需要共同努力。家长可以通过与幼儿的沟通，了解他们的想法和感受，帮助他们做好心理准备；教师可以通过组织各种有趣的活动和游戏，激发幼儿们的学习兴趣和好奇心。同时，家长和教师还需要密切合作，共同制订教育计划，确保幼儿们在幼小衔接阶段得到充分的支持和关注。

韩老师：明确幼小衔接的重要性和目标对于幼儿们的未来发展至关重要。家长和教师需要共同努力，为幼儿们提供一个良好的学习环境，帮助他们顺利过渡到小学阶段。

（三）同课异构，双向衔接

主持人：现在让我们通过观摩幼儿园和小学教师组织的相同内容的课例，来谈一谈如何促进教育教学方面的有效衔接。

杜老师：幼儿园与小学之间的教育衔接并非简单的知识过渡，更多的是教育理念、教学方法以及学生心理适应的全方位对接。

王老师：幼儿园教师强调了学生的自由探索、兴趣培养和情感发展的重要性，而小学教师则更注重学生自主学习能力、逻辑思维能力和社交能力的培养。我觉得可以请幼儿园和小学的教师共同讨论不同阶段学生成长的需求与特点，双方通过深入探讨，形成更加全面、科学的教育理念体系。

姚老师：我觉得可以让幼儿园老师和小学老师互相观摩同课异构活动的效果，二者共同分析存在的问题。幼儿园教师可以重点观摩小学教师的课堂教学，学习他们如何引导学生独立思考、合作学习；小学教师可以重点观摩幼儿园教师的活动组织方法，学习他们如何运用游戏、故事等手段激发学生的兴趣和想象力。通过这样的相互学习，双方的教学方法可以得到互补和优化。

方老师：我觉得需要特别关注学生心理适应的问题，可以拟邀请心理学专家为幼儿园和小学的教师开展心理辅导培训，帮助他们了解学生的心理状态，掌握有效的心理疏导方法。同时，幼儿园大班也要积极参与"幼小衔接体验活动"，让他们提前感受小学的学习和生活环境，减轻他们的心理压力。

（四）观摩视频，解决问题

播放小学教师分享的一年级学生视频片段。

视频中的问题梳理：①上课了，学生急急忙忙在书包里翻来翻去，找不到上课用的课本和学习用品。②上课时很多学生注意力不集中，有的玩铅笔、橡皮，有的交头接耳说话……

主持人：观摩完视频，请大家就视频中存在的问题进行讨论与分析。

吴老师：升入一年级的这些问题不仅是表面看起来的问题，而是涉及孩子身心发展的深层次变化。他们正在从幼儿园的无忧无虑逐渐步入小学的规范与责任中，这个过程对于每一个孩子来说都充满了挑战。我们要深入理解他们的内心世界，引导他们正确面对这些变化。

曲老师：对于新入学的孩子来说，他们可能会因为环境的改变而感到不安，甚至产生焦虑。这时候，教师需要用耐心和关爱去安抚他们，让他们感受到学校是一个温暖、安全的地方。同时也要关注到孩子的个体差异，每个孩子都有自己的成长节奏和方式，教师不能一刀切地要求所有孩子都按照同样的步伐前进。

主持人：除了在课堂上的表现，小学老师也反馈了学生交往方面的问题。社会领域是一个综合的学习领域，社会学习融合在各种学习活动中，并渗透于幼儿一日生活的各个环节。现在请大家围绕"交往合作""遵规守纪""任务意识"三个核心点，借助真问题、真解决的方法进行讨论。

柳老师：可以通过创设不同的主题，引导幼儿在日常生活中、游戏中学习交往合作的技巧，也可以在日常生活中建设激励机制来督促幼儿，并及时肯定他们正确的交往合作行为。

徐老师：教师及家长可以经常和幼儿一起参加一些群体性的活动，鼓励幼儿和不同年龄的伙伴、成人交往，用尊重、接纳的态度与幼儿交流，鼓励他们表达自己的想法和需求。

王老师：幼儿园可以有意识地布置一些与入学准备相关的任务，如整理书包、认识学习用品等，家长也要引导幼儿独立完成力所能及的事情，如扫地、擦桌子、洗袜子等，让幼儿学习自我管理，为自己服务。

郝老师：可以运用接龙管家打卡，让家长把幼儿在家的表现以照片或视频的形式进行展示，培养幼儿养成良好的习惯。

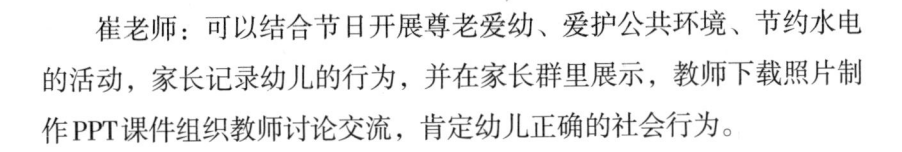

崔老师：可以结合节日开展尊老爱幼、爱护公共环境、节约水电的活动，家长记录幼儿的行为，并在家长群里展示，教师下载照片制作PPT课件组织教师讨论交流，肯定幼儿正确的社会行为。

六、教研实践

（一）设立教研评估小组

由园所领导、教研组长及骨干教师组成，负责对教研活动的实施情况进行评估，确保教研目标的有效达成。根据教研目标和内容，制定具体的评估标准，包括教师的专业素养提升、幼小衔接课程体系的完善、幼儿全面均衡发展等。每学期末，对教师的实践工作进行定期评估，总结经验教训，提出改进措施，为下一阶段的实践工作提供指导。同时建立反馈机制，鼓励教师、家长及幼儿参与评估与反馈，积极提出意见和建议，为实践工作的不断完善和优化提供有力支持。

（二）提倡不拘一格的实践方法

在日常教学中，我们可以开展各种形式的幼小衔接实践，比如，通过参观小学，让幼儿园的小朋友们到小学进行参观学习，感受小学的学习环境和氛围。他们可以坐在小学的教室里，听一听老师是如何讲课的，体验一下小学生的作息时间。同时，也可以和小学生们进行互动，了解他们的日常生活和学习经验。

除了参观小学，还可以组织一些亲子活动，让家长也参与到幼小衔接的实践中来。比如，开展"亲子共读"活动，教师梳理出一些培养幼儿良好习惯的书单，推荐给家长，让家长和幼儿在家一起阅读，不仅增进了亲子关系，也让幼儿通过书本掌握一些生活技能，为即将到来的小学生活做好准备。

我们还邀请小学的老师来到幼儿园，为幼儿讲解小学的学习和生活情况，让幼儿对小学有一个直观的了解。

通过各种各样的活动，可以有效减轻幼儿的焦虑情绪，帮助他们逐渐适应小学的学习和生活节奏,为顺利融入即将到来的小学生活打下良好的基础。

山东省烟台市经济技术开发区海河幼儿园 李向荣

跃芽文化幼儿教师培训用书

教师成长与专业素养

1. 做有智慧的幼儿教师
2. 做一名有进取心的幼儿教师——幼儿教师专业成长故事50例
3. 幼儿园新教师入职指导手册
4. 《3—6岁儿童学习与发展指南》教师实践案例
5. 幼小衔接那些事儿
6. 幼儿园里的"问题小孩"
7. 幼儿园里的"问题小孩"经典案例解析50例
8. 幼儿园班级管理实用技巧50例
9. 幼儿园一日活动教育技巧50例
10. 幼儿园家庭教育指导方案精选30例
11. 幼儿园家长工作沟通问题50例
12. 幼儿园家园沟通案例故事精选50例
13. 幼儿园的50个安全管理问题
14. 幼儿园一线教师教育笔记精选50例
15. 幼儿园一线教学经验聚焦50例
16. 幼儿园自制玩教具精选50例
17. 幼儿园家园合作全攻略

活动设计与指导

18. 幼儿教师这样上公开课
19. 幼儿园五大领域绘本课精选50例
20. 幼儿园传统节日活动设计精选50例
21. 幼儿园自主游戏观察记录精选40例
22. 幼儿园可操作的区角活动180例
23. 幼儿园建构游戏50例
24. 幼儿园语言游戏50例
25. 幼儿园体育游戏50例
26. 幼儿园角色游戏50例
27. 幼儿园科学游戏50例
28. 幼儿园小班活动设计
29. 幼儿园中班活动设计
30. 幼儿园大班活动设计
31. 幼儿园大型活动轻松做

课程研究与实践

32. 幼儿深度学习课程故事精选50例
33. 幼儿园园本教研活动方案精选30例
34. 幼儿园园本课程实施方案精选20例
35. 幼儿园课题研究方案精选30例
36. 高效开展幼儿园教科研活动
37. 幼儿园五大领域精选说课50例
38. 幼儿园教育教学实用技巧50例
39. 幼儿园早期阅读与绘本教学
40. 幼儿园优秀学习故事50例
41. 幼儿园游戏设计指导书
42. 新生入园那些事儿
43. 让幼儿爱上美术